J'ÉTAIS SON ESCLAVE

J'ÉTAIS SON ESCLAVE

LYDIA HADJARA

AVEC ELSA LEVY

City

Témoignage

Retrouvez tous les titres City Éditions :

www.city-editions.com

© City Éditions 2025
Photo de couverture : City Éditions
ISBN : 978-2-8246-2831-8
Code Hachette : 55 2812 9
Collection dirigée par Christian English et Frédéric Thibaud
Catalogues et manuscrits : city-editions.com

Dépôt légal : Janvier 2025

SOMMAIRE

AVANT-PROPOS

La première fois que j'ai vu Lydia, elle m'attendait sur le quai d'une gare, le sourire accueillant et l'œil intrigué. Aussitôt, elle comme moi avons trouvé un langage commun à travers l'humour. Je savais que je venais à la rencontre d'une femme démolie et anéantie, même si j'ignorais encore les détails de son vécu, mais je ne m'attendais pas à ce que notre second degré et goût pour la dérision prennent le dessus sur nos premiers échanges.

Très vite, j'ai laissé Lydia me raconter ce qu'elle avait envie de dire au monde. Puisque j'étais là pour ça : l'aider à crier sa vérité au reste du monde.

J'ai écouté son histoire, j'ai entendu ses larmes, j'ai inspiré sa douleur. Ses rires aussi. Et pendant qu'elle me racontait sa vie en toute confiance, il y avait en moi deux angles qui se confrontaient. D'un côté, la femme que je suis ; de l'autre, l'auteure. Qui de surcroît venait de publier un livre sur l'abus sexuel que j'ai vécu dans mon enfance. Ainsi, à l'écoute de son effroyable témoignage et en simultané des émotions foudroyantes qui me traversaient et de la nausée qui m'envahissait, je cherchais la structure, le ton, le phrasé, la voix, la façon la plus pertinente de raconter une histoire aussi grave et délicate que la sienne. Un passé aussi abominable que celui dont j'étais désormais la témoin. Un vécu que Lydia n'avait encore jamais livré intégralement à qui que ce soit et qu'elle me confiait comme un relais que j'allais devoir passer.

Baladée entre tristesse, révolte, écœurement et contraintes littéraires, j'appréciais la distance que Lydia mettait sur son histoire, sans jamais se plaindre ou se victimiser. Et c'est sans aucun doute cette approche singulière de son propre réel qui m'a convaincue de consacrer les mois suivants à l'écriture de son récit. J'ai senti que c'était mon devoir, même si j'étais bousculée et noyée par d'innombrables doutes face à l'ampleur de ma mission. Je ne savais pas si j'allais être à la hauteur de l'enjeu, parce que l'histoire de Lydia est d'une complexité inouïe. À la fois sur les plans psychologique, psychique et émotionnel. La question de l'emprise, installée comme un poison dès l'enfance et cimentée par le biais d'une secte prônant l'amour et une multitude de valeurs louables, me paraissait extrêmement insidieuse et compliquée à retranscrire. Je sentais soudain une lourde responsabilité s'abattre sur moi. Il ne s'agissait plus simplement d'écrire pour un personnage de fiction ou pour un sujet de mon choix dont l'interprétation n'engagerait que moi, il était cette fois question d'une personne en chair et en os, assise devant moi, vulnérable, un mouchoir collé sur le nez, et envers qui je me devais d'être le plus loyale possible. Être au plus près de ce qu'elle avait vécu dans sa chair tout en y apportant une distance supplémentaire pour permettre au récit d'être efficace. Pudique. Digeste.

Retranscrire son histoire de manière concise et précise, c'était la vivre à travers mon corps, mon cœur, interroger mes propres ressentis et retranscrire l'indicible avec des mots aussi justes qu'approximatifs. C'était décortiquer le déroulement de la vie de Lydia dans les moindres détails. Puiser en elle ses ressources et son identité jusqu'à m'oublier, jusqu'à me confondre avec elle. Me perdre parfois. Je suis une personne très solitaire et j'acceptais soudain que Lydia envahisse mon espace, accapare mon temps, dérobe mon énergie, anesthésie mon bon sens, kidnappe mon être, jusqu'à prendre toute la place.

Dans cet exercice délicat, un véritable numéro d'équilibriste, je trouvais essentiel de maintenir une certaine froideur face au douloureux vécu de Lydia pour ne pas sombrer avec ce qui était devenu mon « personnage ». Et ce qui devenait, pendant les plages d'écriture, ma vie. Puisque je racontais l'histoire d'une autre, mais au « JE ». Pendant de longues semaines de travail, Lydia allait traverser ma chair, mon instinct, mon ego, perforer mes sentiments, faire sauter mes limites, pulvériser mes certitudes et me confronter à l'horreur. Me faire vivre son enfer.

Lors de nos entretiens où je récoltais la « matière première », je tâchais de ne pas me laisser engluer dans un trop-plein d'émotions. C'était un véritable défi. Le passé de Lydia, les maltraitances, l'emprise et le contrôle dont elle a été victime dès son plus jeune âge m'ont atteinte. Et je ne sors pas indemne de ce travail. L'écriture de ce livre ne s'est pas faite dans la douceur ni dans le calme. Ça a été douloureux, envahissant, dérangeant. Pourtant, je n'étais qu'un relais. J'ai vécu son histoire à travers elle, puis à travers mon propre corps pour la retranscrire le mieux possible, mais je reste un relais passager. Même si je suis marquée à vie, à mon tour, par ce vécu à travers elle, je ne suis qu'un relais. Ce qui m'a permis de tenir mon cap dans les pires moments du récit, c'est la nécessité de ce texte. Je suis convaincue que le parcours de Lydia au sein du mouvement raëlien est d'utilité publique.

Lorsqu'un vécu comme celui de Lydia croise notre chemin et percute notre existence, on encourt le risque du jugement. On peut être tenté de réfléchir à sa place et de juger ses choix, ses comportements, ses décisions. Tant on a besoin de se raccrocher à la lumière et à autre chose que l'ignoble réel qui nous est donné à voir. Tant on a envie de croire que nous, on aurait su faire autrement. Nous, on aurait pu changer la donne. On aurait réussi à échapper à ce destin broyé. Et parfois, au cours de ce travail, comme pour me challenger davantage, je sentais mon propre jugement m'approcher, me tenter, me faciliter la vie. Et je devais le congédier.

Peut-être penserez-vous que jamais ce genre d'histoire ne pourrait vous arriver. Peut-être imaginerez-vous qu'à sa place, mille fois vous auriez fait d'autres choix que les siens. Peut-être… Et peut-être aurez-vous raison. Mais ce qui est certain, c'est que l'histoire de Lydia nous pousse justement à explorer les limites de notre empathie, de notre compassion et, plus largement, de notre humanité.

À mon sens, c'est ce qui fait de Lydia une héroïne.

Pour survivre, Lydia s'est coupée de ses émotions, de son corps, de son ressenti. De sa capacité de discernement. De son identité. De son pouvoir de décision qu'on lui a ôté enfant. Lorsque je me suis engouffrée dans son histoire pour y poser des mots, un rythme, une structure littéraire, je me suis fait attraper, rattraper, bien des fois et de bien nombreuses manières, par mon impuissance. Comme elle, dans la logique qui est la sienne, je me suis retrouvée coincée, empêchée, bloquée. Soumise.

S'il ne devait y avoir qu'une chose à retenir de cette histoire, c'est qu'on se doit de vivre chacun des événements dans le parcours d'une personne, les subir intrinsèquement, s'équiper des mêmes bagages et de la même éducation, habiter le même corps, avancer avec les mêmes handicaps conscients et inconscients, pour éventuellement s'approcher quelque peu de quelque chose de l'ordre de la compréhension. Mais de rien d'autre.

C'est ce qui nous est donné d'expérimenter à travers ce récit.

Et ce texte n'a qu'une ambition : être le plus fidèle possible à ce que Lydia Hadjara a vécu.

Elsa Levy

1

MARQUÉE COMME UN ANIMAL

Partir. Vite. Partir loin. Il le fallait. Depuis longtemps, je le savais. Peut-être depuis toujours, je sentais qu'un jour, il me faudrait fuir. M'échapper. Et depuis des années, j'y songeais. Mille fois, j'y avais pensé. J'avais d'ailleurs déjà essayé de partir quelques années plus tôt, en vain. J'étais enfermée, piégée. Dans une prison aux portes pourtant grand ouvertes. Une prison sans murs et sans serrure. Mais un jour d'octobre 2007, je me souviens, c'était un samedi et, sans que je planifie quoi que ce soit, soudain, mon instinct de survie m'a propulsée dehors, contrainte de m'enfuir. J'avais 25 ans.

Je vivais depuis plusieurs années à Sierre, un village suisse au milieu des vignes et des montagnes, chez un couple raëlien. J'occupais le sous-sol d'une jolie maison en pierres, à côté de celle de Raël. Lui habitait avec sa femme, Céline, dans une magnifique villa. Nous étions plusieurs Raëliens à vivre dans ce petit lotissement, en pleine nature, en toute liberté. Et ce matin d'automne 2007 était un matin comme un autre. Je me suis levée, je me suis douchée et je me suis préparée. Rien ne laissait présager ce qui allait se produire. Je devais assister à une réunion, comme il y en avait souvent les week-ends. Un rassemblement des Anges cordon doré.

Dans la hiérarchie raëlienne, les Anges de couleur cordon doré sont les plus haut placés dans ce qui s'appelle « l'ordre des Anges ». Cet ordre est décidé en fonction de la couleur du cordon et du nombre de plumes qui nous sont attribuées, pouvant aller d'une plume à six. Des plumes blanches et des plumes roses qui sont décernées en fonction de l'expérience et de l'implication de chacune d'entre nous dans le mouvement. Ces « récompenses » s'obtiennent lors de cérémonies qui se déroulent à l'issue des stages au cours desquels Raël et certains guides décident de nous valoriser. Les Anges cordon doré sont les plus jolies femmes du mouvement. Elles ont plusieurs missions et s'occupent de la bonne intendance du groupe. Le ménage, la cuisine, les courses. Tout ce qui peut faciliter la logistique de la communauté, et surtout la vie de Raël, ses déplacements, ses prises de parole, ses envies. Quelles qu'elles soient. Les

Anges cordon doré ont aussi, et surtout, le devoir de se donner sexuellement à Raël et aux Elohim, les extraterrestres créateurs du mouvement, tout en restant libres de coucher avec qui elles veulent en-dehors de la communauté raëlienne. Il y a une trentaine d'Anges cordon doré à travers le monde, et seulement cinq Anges cordon doré plume rose sur la planète. La catégorie dont je faisais partie.

En fin de matinée, j'assistais à la première réunion du week-end, celle qui était réservée aux Anges cordon doré, animée par Céline. Lors de ces réunions, on se répétait, comme on réciterait une prière, la chance que l'on avait d'avoir été *choisies* parmi les Anges, d'être proches de Raël, les plus proches qui soient, d'être privilégiées. On réfléchissait collectivement à comment on pouvait s'améliorer. On travaillait sans répit à mieux satisfaire le prophète, à diffuser davantage d'amour dans le monde, à conscientiser nos corps et nos existences. Nos valeurs. Et comme à chaque fois, j'y mettais tout mon cœur. Toute mon âme. Mais à la fin de cette réunion, sans trop comprendre ce qui m'arrivait, je me suis sentie très fatiguée et pas dans mon état normal. Aussitôt, je suis allée prévenir Céline de ce qui m'arrivait. À titre exceptionnel, en lui présentant mes excuses, je lui ai expliqué que j'allais devoir me reposer et que je ne n'étais pas en mesure d'assister à la deuxième réunion de la journée. Une intervention de Raël, ouverte cette fois à tous les Anges, qui consistait à nous inculquer des valeurs d'amour à travers un thème qu'il avait pour habitude de choisir sur le moment. Il ne préparait jamais rien, ses prises de parole étaient toujours très spontanées et inspirées par l'instant présent. C'est ainsi qu'il présentait les choses en tout cas. Par devoir et respect pour lui, je ne souhaitais pas imposer mon état aux autres participantes, et surtout pas à Raël. Pire, je culpabilisais de ne pas me sentir bien et d'être de mauvaise compagnie. Je refusais l'idée d'apporter une quelconque énergie négative à Maitraya. C'est ainsi que nous l'appelions la plupart du temps, personne ne l'appelait Raël. En général, moi, je continuais de l'appeler *mon prophète bien aimé*, le premier nom que le mouvement lui avait donné.

J'ai laissé Céline, en m'excusant toujours davantage, et je suis partie me promener en pleine nature. Je devais me rassembler, remettre mes idées en place pour être dans le meilleur état possible pour le dîner. Une soirée prévue de longue date avec tous les Anges cordon doré présentes ce week-end-là. J'ai marché, dormi. J'ai tâché d'être à l'écoute de mes besoins. Je suis allée me baigner dans la piscine. Une piscine naturelle proche de la maison où nous avions tous nos habitudes. Un endroit magnifique en pleine forêt. J'essayais de me détendre, de me reconnecter à moi. De redevenir la meilleure version de moi-même. Enfin, la meilleure version de l'*Ange cordon doré plume rose* que je me savais être pour Raël.

En fin de journée, j'étais détendue, j'allais pouvoir prendre une douche, me préparer pour assister au dîner et m'y présenter dans de meilleures conditions. C'est alors qu'Ophélie, une autre Ange cordon doré, m'a téléphonée pour s'enquérir de mon état.

— Lydiamour, ça va ? a-t-elle demandé d'une voix douce.

— Oui, oui, merci, Ophé, j'avais juste besoin de me détendre. Ça va beaucoup mieux !

— Ah, parce que j'ai pas compris ce qui se passait ! Lydiamour, est-ce que tu te rends compte que le prophète est présent et que toi, tu t'es permis de ne pas aller à une réunion ! On trouve tous ça vraiment très petit de ta part. Tu te prends pour qui ? Comment oses-tu partir, privilégiée comme tu es ?

Les mots d'Ophélie m'ont frappée comme une grande claque qui s'abattait sur ma joue. Je prenais conscience des conséquences et des proportions de mon absence, même le temps d'une demi-journée, et je m'en voulais d'avoir contrarié Raël ainsi que les

Anges. Mon intention était pourtant à l'opposé. J'ai présenté mes excuses le plus humblement possible. En raccrochant, j'ai décidé de me faire plus jolie que jamais pour assister au dîner. Comme pour me rattraper et prouver à Raël que je n'étais partie que pour mieux revenir. C'était la seule chose que j'étais certaine de savoir bien faire, la seule raison de mon existence : être jolie et prête à tout pour lui. J'ai choisi une des tenues que Raël préférait et je me suis empressée de me préparer.

Vêtue d'un haut légèrement transparent laissant entrevoir mon soutien-gorge couleur crème, d'une jupe blanche et d'une paire de baskets assorties à ma tenue, j'ai rejoint la voiture qui devait m'emmener au restaurant. J'avais les cheveux ramassés de chaque côté en forme de couettes, ce qui me donnait un air de petite fille. Le style que Raël adorait me voir porter, un look de jeune adolescente. Et comme j'étais de petite taille et assez menue, ma morphologie accentuait l'artifice. Lorsque je suis arrivée dans la grande salle, un établissement magnifique avec une multitude de gigantesques baies vitrées donnant sur la forêt, Raël était déjà là. Je marchais d'un pas décidé pour le rejoindre, la tête haute, un large sourire sur le visage témoignant de ma grande forme et, en quelque sorte, de mon professionnalisme. Puisque j'étais sous contrat. J'y reviendrai. Mais Raël me regardait d'une manière que j'aurais du mal à décrire. Un regard propre à lui, que je n'ai jamais vu chez personne d'autre. L'œil noir et perçant, qui m'a soudain fait froid dans le dos. En arrivant à sa hauteur, d'un coup, je me suis sentie très mal à l'aise, vulnérable. Il s'est approché de moi, sans changer d'attitude et sans adoucir son regard, et il m'a glissé : « Tu dois vraiment avoir confiance en toi pour estimer que tu peux te dispenser d'une réunion d'Anges. N'oublie pas que tu es pourtant celle qui en a le plus besoin ».

Alors que les autres filles, quinze Anges sublimes aux allures de mannequins, attendaient debout autour de la table que Raël leur attribue leurs places respectives, j'ai encaissé la remarque d'un sourire gêné. Uniquement parce que j'étais profondément triste d'avoir déçu Raël. Puis, sur le ton de l'humour, et pour faire rire les autres filles, il a décrété, en me pointant du doigt : « Toi, t'es punie, tu vas aller manger tout là-bas, en bout de table. »

Et tout le monde a rigolé.

Je me suis exécutée, timidement et sans montrer la moindre rébellion. Je ne voulais surtout pas le décevoir davantage. J'ai encaissé l'humiliation et pris sur moi, un sourire fautif figé sur le visage. Je me suis installée en bout de table et, le regard soumis, j'observais Raël choisir l'emplacement pour chacune des Anges. Je restais à ma place, discrète, sage. Docile. Puis, en balayant du regard la salle du restaurant, comme une enfant qu'on a grondée et qui cherche du réconfort, j'ai aperçu une serveuse rejoindre notre table pour prendre la commande. Je l'ai observée se diriger vers nous, et soudain, elle a marqué un temps d'arrêt. Très court. Elle nous a regardés, plantée à quelques mètres de la table, un petit rictus dessiné au coin des lèvres. Avec le recul, je peux imaginer cette jeune serveuse qui s'apprêtait à prendre notre commande se demander ce que faisaient ces quinze magnifiques jeunes femmes, enjouées et pleines de vie, attablées avec un type bien plus âgé qu'elles et qui, lui, ne ressemblait à rien. Mais sur le moment, je n'ai pas vu la scène de cette manière. Pourtant, ce petit rictus sur le visage de la serveuse m'a fait l'effet d'un détonateur. J'ai sondé la jeune femme et sa grimace, et subitement, j'ai compris. J'ai compris qu'elle nous jugeait. J'ai décelé qu'elle se moquait de nous et que, de son point de vue, nous étions quinze pauvres idiotes. Pour la première fois de ma vie, j'assistais à un regard extérieur réprobateur. Ou peut-être que je n'avais pas su voir avant plein d'autres regards de jugement parce que, jusque-là, lors de tous nos déplacements dans des restaurants ou ailleurs, et quel que soit l'établissement, les gens autour de nous, ou encore d'autres clients, tous marquaient des signes de respect. Allant même jusqu'à parfois venir saluer Raël pour le féliciter d'œuvrer pour le monde. « Merci, Raël, pour ce que vous faites, merci ! » pouvais-je entendre à longueur de journée.

Mais pour la première fois, une serveuse me donnait accès à une autre réalité que je n'avais jamais vue, ou pas su voir auparavant. Et instantanément, j'ai senti une transformation opérer en moi. D'un coup. Sans prévenir, j'ai senti mon corps se manifester. Je me suis d'abord sentie très mal à l'aise. Puis physiquement, j'ai senti que quelque chose était en train de se modifier. Je savais que mon regard venait de changer et pour la première fois, j'ai tout vu différemment. Le rictus de la serveuse s'était placé devant mes yeux comme un filtre. Désormais, je voyais à quel point rien n'allait dans la situation dans laquelle je me trouvais. Une sorte de poids très lourd s'était déposé en moi et m'écrasait. J'avais la nausée. Puis, lorsque le repas est arrivé, qu'une assiette s'est posée devant moi et que j'ai commencé à manger, j'ai senti que mon esprit s'était dissocié de mon corps. Je mangeais, mais je n'étais plus là. Je ne pouvais même pas distinguer le goût des aliments que j'ingurgitais, j'étais déjà partie. J'observais la scène comme une étrangère, à distance. Je voyais l'Ange assise à côté de Raël goûter le plat du prophète. Un rituel qui m'était habituellement réservé. Goûter le plat de Raël avant qu'il n'y touche pour nous assurer que personne ne chercherait à l'empoisonner. J'apercevais les filles autour de moi, souriantes et pleines de gratitude, et soudain, l'une d'elles, Myriam, qui était de l'autre côté de la table, a changé de visage. Je devais plisser les yeux pour m'assurer que je voyais correctement tant je ne pouvais la reconnaître. Son visage n'était plus du tout le même, les traits s'étaient transformés. Je ne voyais plus la magnifique jeune femme brune aux longs cheveux bouclés et au regard ténébreux que je voyais habituellement ; je voyais une fille perdue, béate, le regard vide. Je l'observais en train de regarder Raël sans comprendre. La jolie Myriam élancée et mystérieuse d'autrefois était désormais une fille paumée qui avait l'air totalement droguée. Une fanatique. J'ai pris peur. J'étais face à la vraie Myriam sans que mon regard soit faussé. Pour la première fois, je voyais la réalité du monde et non celle du mouvement. Je devinais soudain, à travers son regard béat, le mien. Depuis tant d'années. J'ai laissé mes yeux faire le tour de la table, et plus aucune fille n'avait le même visage. Je les voyais toutes sous emprise, dominées. C'était comme un cauchemar dont je me réveillais. Et c'était si soudain et radical que j'ai cru que je faisais un AVC. J'ai senti le sol se désagréger sous mes pieds. J'ai entendu les filles me demander si j'allais bien. Elles disaient que j'étais livide. J'entendais leur inquiétude, mais je ne pouvais réagir. « Ça va, Lydiamour ? T'es là ? Wouhou, Lydiamour ? Chérie… » D'un coup je me suis levée, j'ai foncé en direction des toilettes, j'ai brusquement ouvert la porte du premier cabinet et j'ai vomi. Violemment. J'ai laissé mon estomac se vider, mes tripes se nettoyer. Lorsque plus rien ne sortait de mon corps, je me suis ressaisie. J'ai rapidement nettoyé mon visage sous l'eau du robinet et je me suis observée dans le miroir. J'essayais de reprendre le contrôle de mon corps. Je me suis mise à faire des grimaces et à me parler pour m'assurer que mon visage bougeait normalement et que je n'étais pas paralysée, ou déformée. Ou irréversiblement devenue folle.

Puis je suis retournée à table, me sentant déséquilibrée dans ma démarche. Dès que Raël m'a vue, il m'a invitée à m'assoir à ses côtés d'un petit geste de la main. Je l'ai alors rejoint et me suis installée à sa gauche, ma place habituelle. Céline, elle, c'est toujours à sa droite. Il a posé sa main sur ma cuisse et l'a serrée très légèrement. En réaction, j'ai senti mon corps se crisper et vouloir rejeter cette main qui me dégoûtait. Raël a tout de suite senti que quelque chose n'allait pas. Il a dit : « Ça va, Lydiamour ? » J'ai fait mine que tout allait bien. Le temps pour moi d'atterrir. De comprendre ce qui m'arrivait. De savoir comment je pouvais réagir. Je ne me reconnaissais pas moi-même.

Puis, gentiment, il a poursuivi : « Tu vas quand même prendre un dessert, toi qui adores les profiteroles ? » Au moment où il m'a proposé ce dessert, mon dessert préféré, je savais qu'il avait compris que quelque chose de grave se tramait. Raël s'est toujours attaché à nous montrer qu'il se fichait royalement de ce qu'on pouvait aimer ou de ce qui nous ferait plaisir. Il ne témoignait jamais d'aucune empathie ou compassion. Ce que j'étais, ce que je vivais, ce que j'aimais, ce qui n'allait pas, rien ne devait le polluer. Jamais. Lorsque, pour la première fois de ma vie, il a cherché à me faire plaisir avec un geste altruiste, j'ai pris conscience de la situation. Pour qu'il « s'occupe de moi », c'était que l'heure devait être encore plus grave que je ne l'imaginais. En fait, Raël savait déjà ce qui se préparait, et il l'avait compris bien avant moi. Il avait même peut-être toujours su qu'un jour, je lui échapperais. Il s'est approché du creux de mon oreille et sur un ton de réconciliation, il a dit : « Bon, c'était pas prévu, mais en rentrant, on va faire un dodo tous les deux. »

Quand j'ai entendu ces mots, mon corps et mon esprit se sont cette fois dissociés à jamais. Personne ne pouvait dormir avec Raël, seule Céline avait droit à ce privilège, et je savais ce que signifiait un « dodo ». J'aurais voulu m'enfuir tout de suite, mais j'en étais encore incapable. La soirée a ainsi continué de se dérouler, en mon absence. Je suis restée silencieuse, spectatrice.

Le repas s'est terminé. Les Anges ont payé l'addition. Parce que Raël ne payait jamais rien, strictement rien, les Raëliens avaient tous à cœur de subvenir aux besoins du prophète. Le mouvement leur demandait de donner 10 % de leur salaire pour la construction d'une ambassade qui accueillerait les Elohim lorsqu'ils viendraient sur Terre et 1 % pour le confort de vie de Raël. Tous les Raëliens avaient de « vrais » métiers et une vie normale au sein de la société. Les Anges, elles, étaient nombreuses à gagner leur vie dans des activités souvent tournées vers le sexe. La pole dance, les bars de strip-tease. Elles pouvaient être gogo danseuses, escortes, masseuses, sexologues… Pour ma part, étant employée du mouvement à temps plein et sans revenus réels, et surtout étant la plus proche de Raël après Céline, les Anges réglaient également mes frais.

Une fois l'addition payée, les quelques miettes qu'il restait de mon être sont parties avec Raël et sa femme. Le chauffeur nous a conduits jusqu'à ma maison en premier lieu. La voiture s'est arrêtée. Raël et moi sommes descendus, laissant Céline retourner seule dans leur villa. Et cela de manière tout à fait normale, entendue et acceptée. Céline nous a salués et la voiture est partie. Raël et moi avons emprunté un petit chemin qui menait à mon logement. Je me souviens qu'il faisait très noir ce soir-là, seul un des lampadaires fonctionnait. Nous marchions sur le petit chemin, dans l'obscurité la plus totale. J'étais en pilote automatique et ne parvenais plus à réfléchir à quoi que ce soit. Mon cerveau était éteint et je n'avais aucun moyen de le rallumer. Puis, nous sommes arrivés chez moi. J'ai sorti les clés et en ouvrant la porte de la maison, j'ai entendu cette phrase me traverser l'esprit comme un obus qui percute la Terre : « Là, tu rentres en enfer, Lydia. » Je me souviendrai toute ma vie de ces mots et de la façon dont ils ont surgi dans ma tête.

On est rentrés chez moi, dans mon sous-sol. Une grande chambre, une salle de bains et une kitchenette. Raël s'est assis. Dans un silence lourd et pesant. Puis il m'a demandé de me déshabiller. Je me suis exécutée, très mal à l'aise. Je n'avais envie ni qu'il me regarde ni qu'il me touche. Mais j'ai obéi, comme je l'avais toujours fait. Je me sentais sale et moche, je me dégoûtais, mais je ne pouvais rien faire d'autre que continuer de m'exécuter. Puis, à nouveau, j'ai laissé mon corps se dissocier de mon esprit. C'étaient deux entités différentes. J'étais allongée sur le lit et je voyais Raël s'amuser avec mon corps. Il avait mis une fourchette dans mon vagin et il jouait avec, parce que ça l'excitait. Ma souffrance l'excitait. Ça me faisait si mal, j'avais l'impression qu'on trifouillait mes entrailles et qu'on venait faire saigner le plus profond de mon être. Qu'on déchiquetait l'intérieur de mes parties géniales, puis de mon ventre. Une douleur vive et pointue, localisée dans le bas du ventre, qui se généralisait dans tout mon corps. C'était la deuxième fois qu'il s'adonnait à ce genre de pratique. La première fois, c'était lorsque je venais d'être sacrée Plume rose. Raël avait voulu tester ma loyauté et ma capacité à être *sienne*. À être sa chose. Son jouet. Prête à tout pour le rendre heureux. J'avais passé le test, bien sûr, même si sur le moment, je n'avais pas compris. J'étais très jeune, j'avais 18 ans. Je lui avais demandé la raison de son geste que je trouvais étrange, mais que je m'interdisais de juger. Il m'avait alors expliqué que cela lui permettait de savoir à quel point j'étais dévouée. De jauger mon niveau d'implication pour lui, pour les Elohim et pour le mouvement. Mais cette fois, après ce qui s'était passé au dîner, je savais que c'était sa manière de me punir. De me torturer. J'avais très mal, mais je ne disais rien. Et pour la première fois, je ne lâchais pas Raël du regard. Je le laissais faire, toutefois, je ne baissais pas les yeux. Je pensais même : « Vas-y, mon gars, profite, mais plus jamais. C'est la dernière fois. » Je ne pouvais rien faire ni l'arrêter, mais je savais que ma limite, cette fois, avait été franchie.

Lorsqu'il a terminé ses affaires, il s'est levé et il a traversé la chambre pour partir. Puis il s'est retourné et il m'a dit : « Tu sais que tu ne m'oublieras jamais. Je suis ancré en toi, marqué en toi, comme on marque un animal. » Il a réfléchi un temps, puis il a ajouté : « Qu'est-ce que t'es belle. » Et il est parti. Je me suis levée, titubant, et je me suis précipitée dans la douche. Les heures suivantes, je me suis lavée, séchée, lavée, séchée, lavée, séchée. Je frottais ma peau comme une hystérique, c'est la seule chose qui me soulageait. Il fallait que la crasse parte de moi. Jusqu'à présent, j'avais besoin de me laver à outrance lorsque j'avais eu une mauvaise attitude ou que j'avais déçu Raël. Comme pour me purger de mes fautes, je frottais. Parfois jusqu'au sang. Pour la première fois, c'était l'empreinte de Raël que je voulais enlever de ma peau. De mes cellules. De mon âme dont il semblait avoir pris possession. Je prenais conscience que j'avais été utilisée. Que j'avais été son objet sexuel. Et qu'il n'y avait rien de sain dans tout cela. Cela peut paraître étrange, mais jamais, avant ce soir-là, les choses n'avaient été aussi évidentes pour moi. Je me suis rendu compte qu'on m'avait menti, depuis toujours. Et que ça n'était pas de l'amour. Jamais avant ce jour je n'avais compris. Ou plutôt, j'avais toujours tout fait pour ne rien comprendre et pour occulter. À chaque fois que je doutais du mouvement, que je remettais quelque chose en question ou qu'un événement me contrariait, je savais très vite mettre tout cela de côté et me rappeler que c'était pour le prophète et que je n'étais qu'une imbécile ingrate de penser des choses pareilles. Cette nuit-là, je comprenais enfin ce que j'avais vécu. Je ne pourrais pas expliquer cette soudaine lucidité ni la force qui s'est emparée de moi de façon radicale, mais c'était si puissant que je pense qu'il s'agissait de mon instinct de survie.

J'ai passé la nuit à me laver et le matin, j'ai attrapé mon téléphone et cherché à appeler quelqu'un à l'aide dans mon répertoire. Quatre-vingt-dix-neuf pour cent de mes contacts étaient des Raëliens. Même mes parents. Je ne connaissais que ça. Je ne savais pas vers qui me tourner. J'ai fait défiler les noms sous mon doigt jusqu'à ce que celui de Sylvain apparaisse, comme une évidence. Un jeune homme que j'avais rencontré quelques années plus tôt, dans une boîte de nuit. Sa grand-mère vivait dans le même immeuble que mes parents, ce qui nous avait rapprochés. Un type sympa avec qui je m'entendais bien et qui prenait ponctuellement de mes nouvelles. Je l'ai appelé sans réfléchir, mais comme guidée, parce que je n'avais pas beaucoup d'autres choix. Sylvain a décroché, la voix enjouée : « Hey, salut Lydia, comment ça va ? » J'ai répondu : « Sylvain, tu peux venir me chercher ? Tu peux venir me sauver la vie ? » Sans poser de questions, il a simplement répliqué : « J'arrive. » J'ai senti un soulagement inouï me parcourir le corps avant de prendre conscience qu'il lui fallait environ cinq heures pour faire la route. Cinq heures à tuer, ça allait être long. Sans fin. Inatteignable !

Pour commencer, je me suis douchée à nouveau, à plusieurs reprises, comme focalisée sur l'unique et urgente nécessité de faire tout disparaître de moi. Faire couler l'eau chaude sur ma peau, frotter l'épiderme de toutes mes forces, mettre des tonnes de savon pour éliminer la crasse, et rincer abondamment pour évacuer le diable. Me sécher, sentir aussitôt la saleté me rattraper et devoir retourner dans le bac. Recommencer, et ainsi de suite.

Au bout d'un très long moment passé à me nettoyer, j'ai décidé de sortir. Je savais qu'on allait bientôt venir me chercher pour ma journée de « travail » et qu'il fallait à tout prix que j'évite de croiser qui que ce soit susceptible de me freiner dans mon élan. J'étais organiquement décidée à partir et cette fois, en faisant intervenir Sylvain, une personne totalement extérieure au mouvement, j'avais mis en branle une sorte de machine inarrêtable qui me dissuadait de renoncer à mon départ. Je ne pouvais plus reculer, je m'étais acculée toute seule. Exprès. Malgré tout, je n'étais pas complètement à l'abri de changer soudain d'avis. Rattrapée par la culpabilité, les remords, les doutes. Je me sentais aussi forte que fragile dans mon élan. Je me savais facilement influençable. D'un coup, à quelques pas à peine de la maison, une forte inquiétude s'est emparée de moi. Est-ce que j'allais y arriver ? J'avais enfin réussi à lancer un appel au secours, mais est-ce que mon plan allait fonctionner ? Après tout, ça n'était qu'un plan mal réfléchi et accompli dans l'urgence. Est-ce que Sylvain allait bien venir ? Arriver à temps ? Et s'il avait un accident sur la route ? Et si je tombais sur Raël avant ? Serais-je capable de continuer à m'engouffrer dans ma décision radicale si je me retrouvais soudain prise de court, en tête-à-tête avec Raël ? Lui qui avait toujours su me pousser à réfléchir d'une certaine façon plutôt que d'une autre, je craignais qu'il intervienne à tout moment dans ce départ précipité et qu'il me fasse revenir à la raison. À sa raison. Comme il savait si bien le faire… Et Céline ? Si elle venait à croiser mon chemin, parviendrais-je à lui mentir ? À me dépêtrer de sa douceur et de sa bienveillance à toute épreuve ? Abasourdie par tous ces scénarios catastrophes qui se succédaient dans ma tête, j'ai compris qu'il n'y avait qu'une seule stratégie valable pour tenir mon cap. Et elle était finalement assez basique : je devais éviter à tout prix les Raëliens. Tous. N'importe lequel. Je devais éviter d'avoir à parler ou à m'expliquer.

Sierre était, tel n'importe quel village, minuscule, et les probabilités de tomber sur un Raëlien immenses. Alors pour échapper aux ruelles, aux maisons, aux fenêtres, je suis partie marcher dans les hauteurs des vignes. Des coins de nature un peu reculés où Raël ne pourrait logiquement pas me trouver, parce qu'il n'y avait pas ses habitudes.

Je marchais sans m'arrêter et priais pour que le temps accélère et que je puisse déguerpir le plus vite possible. J'étais impatiente que cette insoutenable attente finisse et de pouvoir quitter cet endroit. Mais j'étais impuissante face au temps. J'avais organisé ma fuite, cette fois, c'était réel, mais je n'avais plus aucun pouvoir sur sa concrétisation. Encore moins sur sa réussite. Après un certain temps à tourner en rond dans les vignes, je ne savais plus où aller. Puis j'ai pensé à l'église. Un des rares endroits où Raël ne mettait jamais les pieds. Un lieu *saint*. Je m'y suis dirigée et la dernière heure, je l'ai passée assise sur un banc au dernier rang de la chapelle du village.

Après cette demi-journée à errer entre les vignes, les bois et maintenant confinée dans l'église, d'un coup, je suis devenue observatrice de la situation. Je me suis vue cachée dans l'église d'un village paumé de Suisse, vulnérable, perdue, angoissée, les jambes frétillantes d'impatience, le rythme cardiaque déboussolé, et je comprenais enfin l'ampleur de la situation. La gravité de ce que j'étais en train de vivre depuis tant d'années. J'aurais aimé pouvoir en rire, mais c'était encore compliqué d'avoir la moindre émotion. Je me disais : « Bientôt, Lydia, bientôt, tu seras sortie d'affaire et peut-être qu'un jour, tu pourras en rire. Peut-être. En attendant, accroche-toi ! »

Puis, quand enfin, l'heure d'arrivée de Sylvain a approché, je suis retournée à l'appartement. Discrètement. Je suis entrée dans le studio comme si j'étais téléguidée. J'ai attrapé mon sac à main, quelques produits que j'ai jetés dans ma trousse de toilette et je suis partie. J'ai laissé toutes mes affaires, comme par réflexe et sans regret. Sans même y penser, en réalité. Ça n'était pas tant mes affaires que je laissais, mais une partie de moi que j'espérais abandonner à tout jamais.

J'avais donné rendez-vous à Sylvain dans une petite rue en contrebas de la maison pour que personne ne nous voie. J'étais plantée là, à me cacher et à attendre d'apercevoir un véhicule dans le virage éloigné, focalisée sur les moindres bruits extérieurs qui pourraient me signifier que Sylvain approchait. Des feuilles qui craquent légèrement, des battements d'ailes d'oiseaux, des voix très lointaines, puis un moteur… La voiture est arrivée ! Je me suis jetée dedans, pétrifiée. Et très sereine à la fois. Je savais ce que je quittais, mais je ne savais pas où j'allais ni dans quoi je m'embarquais. J'étais égarée. Sans aucun repère. Sans rien connaître d'autre que Raël et son mouvement.

La voiture a démarré. Je ne me suis pas retournée. J'aurais aimé me dire que j'avais fait le plus dur, que cette fois, j'étais saine et sauve. Que ma vraie vie allait enfin pouvoir commencer. Seulement, c'était impossible. Parce que comme l'avait dit Raël, j'étais marquée. Marquée comme un animal.

2

MES PLUS BELLES ANNÉES

J'avais quatre ans lors de mon premier séjour à l'Eden, un camp situé à Valence-d'Albigeois, dans le Tarn, où se retrouvaient les Raëliens. Une sorte de camping géant en pleine nature. Des milliers d'hectares de bois et de champs, des caravanes, des tentes, des bungalows. Comme un grand Club Med, mais sans infrastructure bétonnée. Il y avait juste une très jolie maison en pierres de taille au centre du domaine. Toutes les installations se confondaient avec la nature et rendaient le lieu magique.

La première fois que j'ai mis les pieds à l'Eden, j'ai le souvenir de n'avoir croisé que des personnes extrêmement sympathiques. Nues pour la plupart, mais toutes très souriantes, les yeux remplis d'amour. Les gens se promenaient ici et là dans le camping. Tous m'adressaient, à tour de rôle, un sourire, un regard tendre, une parole douce. Pour m'accueillir, chacun parvenait à me témoigner de sa gentillesse de façon naturelle et spontanée. Une atmosphère apaisée et douce régnait sur l'Eden, c'est la première chose que j'ai ressentie et c'était très fort.

C'est ma génitrice qui m'y avait introduite. Je ne peux pas l'appeler autrement, puisque je considère qu'elle m'a transmis la vie, mais ne m'a jamais élevée ni protégée. Je peux même dire que c'est elle qui m'a jetée dans la gueule du loup.

Elle avait entendu parler de Raël et de son mouvement par le biais d'une collègue de travail, Josiane. Elles travaillaient ensemble dans une usine à Saint-Étienne et Josiane avait vanté les mérites du mouvement en accompagnant son dithyrambe d'un texte intitulé *Le Livre qui dit la vérité*. Ma génitrice, qui ne lisait jamais, a dévoré l'ouvrage en une nuit. Pour elle, ça a été le déclic, l'évidence, la révélation ! Elle m'a d'ailleurs confié, beaucoup plus tard, qu'elle avait eu, lors de la lecture, un courant chaud qui lui avait parcouru le corps, un sentiment de bien-être comme elle n'en avait jamais connu et la sensation de toucher du doigt la vérité. La vérité absolue. Dans ce livre, elle avait appris qu'un dénommé Raël, l'auteur de l'ouvrage dont le prénom signifiait « le messager », avait rencontré les Elohim. Ces derniers, des extraterrestres se présentant avec 25 000 ans d'avance sur les êtres humains, lui auraient expliqué qu'ils étaient nos créateurs, qu'ils nous avaient conçus dans un laboratoire et qu'ils étaient capables de nous cloner. Ils avaient même inventé une technique bien spécifique pour le faire. Les Elohim, en pulvérisant la théorie de l'évolution et toutes les religions monothéistes qui, selon eux, avaient été détournées, revendiquaient prôner la paix, l'amour, un monde meilleur et l'ouverture à la sexualité pour les enfants, considérant que lorsque nous, les Terriens, en serions capables, ils nous rejoindraient sur Terre et se présenteraient dans une ambassade que Raël devait construire afin de les accueillir. Les Elohim lui avaient confié cette impérieuse mission, puisqu'il était l'Élu. C'était lui le dernier des prophètes, le frère de Jésus, et sa volonté devait être appliquée sur la Terre. Dans *Le Livre qui dit la vérité*, il était également écrit que chacun devait faire don à Raël de tous ses biens, mais aussi de son plexus solaire après être décédé. Cette partie du corps permettait, sur la planète des Elohim, de nous créer à nouveau, à l'infini. Ma génitrice, emportée par ces informations qui avaient révolutionné sa petite existence, est alors partie, avec Josiane, à la rencontre d'autres Raëliens qui vivaient dans la région. Le livre indiquait en dernière page le numéro de téléphone à appeler pour rejoindre le mouvement dont des antennes se trouvaient implantées un peu partout en France.

Prise d'une fulgurance, ma génitrice était désormais persuadée d'avoir enfin tout compris à la vie, à sa vie, et elle en avait pour preuve que son dos avait subitement guéri. Elle devait se faire opérer quelques jours plus tard, mais depuis la lecture de ce livre, elle disait ne plus avoir de douleurs et avait annulé l'opération dans la foulée. Elle ne cessait de répéter que ce livre l'avait guérie. Je l'ai vue renaître. Jusqu'à ce que peu de temps après, quelques semaines plus tard à peine, elle ait finalement eu à subir la fameuse opération. Le livre ne l'avait pas du tout guérie, et elle s'est abstenue de tout commentaire.

Mon père, lui, occupait un poste administratif au sein d'un garage automobile. C'était un homme amoureux et effacé. Son épouse semblait soudain si heureuse qu'il la laissait faire ce qu'elle voulait, sans trop s'inquiéter. La connaissant, il devait penser qu'il s'agissait d'une lubie et que cela lui passerait. Il ne voulait pas la contrarier, il la savait instable psychologiquement. Il préférait espérer en silence que cette tocade ne durerait pas. Mais cela allait durer. Longtemps.

Quelques mois après ses premiers échanges avec les Raëliens de la région, ma génitrice était convaincue de son appel au mouvement. Elle a ressenti le besoin irrépressible de suivre sa voie et d'aller à la rencontre de Raël. Le seul humain sur Terre qui pouvait exécuter une transmission du plan cellulaire qui permettrait à ma génitrice d'être clonée après sa mort et de rejoindre le paradis éternel. Il s'agissait d'une cérémonie qui se déroulait comme un baptême, pendant laquelle les aspirants raëliens pouvaient intégrer le mouvement. Ces cérémonies avaient lieu uniquement quatre fois par an, à des dates bien précises. Le premier dimanche du mois d'avril, date faisant référence à la première montée de Raël chez les Elohim lorsqu'il aurait aperçu son propre clone. Le 6 août, date appelée Hiroshima, qui correspondait au jour de conception de Raël en 1946, soit pile un an après que la bombe atomique a percuté le sol japonais et, selon les Elohim, engendré un moment critique pour la planète tout entière dans lequel il fallait de toute urgence créer le prophète qui pourrait sauver l'humanité. Le 7 octobre est un autre jour du calendrier où la transmission était possible, cette date correspondant à la deuxième rencontre supposée de Raël avec les Elohim. Enfin, le 13 décembre, qui faisait référence à la première rencontre de Raël avec les extraterrestres au puy de Lassolas, en 1973.

L'acte de transmission du plan cellulaire était simple en soi : après avoir trempé ses mains dans l'eau, Raël devait en poser une sur la nuque de la personne initiée, l'autre sur le front, et à travers ce geste, le code génétique se voyait retransmis aux Elohim. Raël prononçait alors ces mots : « Les Elohim t'ont reconnu. » Ces derniers pouvaient ainsi collecter toutes les informations nécessaires pour nous recréer au laboratoire. Après la transmission, si l'on méritait la vie éternelle grâce à nos actions sur la planète Terre, les Raëliens pourraient être recréés à l'infini sur la planète des Elohim : le paradis.

C'est ainsi qu'en l'espace de quelques mois, ma génitrice est devenue raëlienne. Elle buvait les paroles de Raël et, sur le lecteur du salon, elle faisait tourner en boucle des cassettes de méditation enregistrées par son prophète. Mon père, sans emboîter le pas, n'a pas freiné cet élan pour autant. Quant à moi, du haut de mes quatre ans, je n'ai eu d'autre choix que de me retrouver embarquée là-dedans.

Ainsi, lors de nombreux week-ends et pendant les vacances scolaires, ma mère et moi partions à l'Eden, cet immense camping naturiste, avec une superbe piscine, des jeux et des ateliers pour les enfants. Au cœur, il y avait une magnifique bâtisse en pierres où Raël vivait ; une aile de la maison était occupée par les guides. Personne d'autre n'y avait accès, mais les quelques fois où j'ai pu m'y rendre, j'ai été subjuguée par la décoration. La maison était aménagée avec beaucoup de goût. Des meubles en bois, des bouquets, je me souviens de beaucoup de fleurs. De jolies nappes blanches sur les tables. Le lieu était parfumé d'huiles essentielles et sentait le musc, le citron, les agrumes, le bois…

Lors des stages, parfois, mon père nous rejoignait pour quelques jours. Il était beaucoup moins impliqué que ma mère, mais il gravitait autour de tout cela. Je n'ai jamais bien compris sa position réelle dans le mouvement, c'était flou. À vrai dire, je n'ai jamais cherché à comprendre. Ce qui est certain, c'est que ma petite enfance est très vite devenue merveilleuse. Elle rimait avec joie, rigolade et liberté. J'ai le souvenir d'un endroit magique ; tout le monde était gentil, souriant, bienveillant. L'Eden, c'était comme une caresse sur le visage, une poignée de bonbons dans la bouche, tout était organisé afin de nous rendre heureux et les choses se déroulaient de manière fluide et agréable.

Au Club des Enfants, j'avais plein d'amis avec qui je m'amusais. On jetait des cailloux dans la rivière, on courait pieds nus dans l'herbe, on se baignait dans la piscine. On avait mille activités en plein air sans aucune contrainte. Les parents, quant à eux, étaient occupés à d'autres choses plutôt qu'à nous surveiller. Et moi, je n'avais qu'une seule obligation : jouer et m'amuser. C'était une colonie de vacances géante. Tout le monde s'entendait bien, ce n'était que douceur, insouciance et plénitude. Jamais personne ne criait. Dans ma tête de petite fille innocente, le mouvement des Raëliens était un courant d'amour, de gens adorables et prévenants, de paix, et surtout de liberté. L'ambiance qui régnait à l'Eden n'existait nulle part ailleurs, c'était propre à ce lieu et inégalable. L'Eden, c'était comme retrouver sa famille lors d'un bon repas dans une magnifique villa. C'était ça, la vie là-bas : plein de maisons de vacances, tentes, roulottes, avec un gigantesque jardin et une multitude de cousines et cousins avec qui jouer. J'attendais avec impatience d'y retourner et me réjouissais dès que se pointaient les week-ends raëliens et les congés scolaires. L'Eden, c'était une sorte de microsociété autosuffisante qui vivait paisiblement, sans faire cas du reste du monde, de l'actualité, ni du stress extérieur. Malgré mon jeune âge, je parvenais à ressentir ce décalage dès qu'on se trouvait ailleurs. Rien qu'à Saint-Étienne, par exemple, le contraste était redoutable. Ou lorsque j'allais à l'école, c'était le jour et la nuit. Là-bas, je n'avais aucun ami. D'aussi loin que je me souvienne, je n'ai jamais eu de camarade de classe. Ma vie d'écolière, dès la maternelle, était un calvaire. Le primaire un enfer. Ainsi, mon amour pour l'Eden n'en était que renforcé. J'ai compris plus tard que les parents d'élèves, qui voyaient ma génitrice tracter pour Raël dans la petite ville de Saint-Étienne, interdisaient à leurs enfants de m'adresser la parole. J'étais la fille de la foldingue. Il fallait garder des distances avec moi pour s'assurer une bonne scolarité. J'avais même redoublé le CE2, ce qui n'arrangeait pas ma condition.

En tout cas, dès que je retrouvais les Raëliens, j'étais aimée, normale et surtout, j'appartenais à un groupe, j'avais plein de copains. Et le mouvement raëlien s'est installé de cette manière dans ma vie, très en douceur. Jusqu'à cet après-midi d'août 1990 où, sans prévenir, tout a commencé à prendre une autre tournure.

Comme chaque été, nous étions à l'Eden pour quelques semaines de vacances. J'avais retrouvé mes copains et m'amusais avec eux au Club, une sorte de garderie dans laquelle nous étions pris en charge par quelques jeunes adultes, des moniteurs en quelque sorte, et faisions des ateliers ou des jeux.

Je me souviens que lors d'un de ces ateliers, j'ai dû partir à l'épicerie du camping acheter du pain. Pour rejoindre le magasin, il me fallait passer près de l'immense chapiteau, appelé L'Olympe, dans lequel se déroulaient des spectacles le soir et en journée, les activités pour les parents. Nous n'avions pas le droit d'y aller lorsque le chapiteau était fermé. En réalité, l'idée ne nous traversait même pas l'esprit. Mais cet après-midi-là, il faisait très lourd et en passant devant la tente, j'ai remarqué qu'une des deux bâches, faisant office de porte d'entrée, était légèrement relevée. J'ai pensé que c'était pour aérer le chapiteau dans lequel les parents devaient crouler sous la chaleur. Sans ralentir ma cadence, et sans me douter de ce que j'allais découvrir, j'ai laissé un œil se plonger rapidement à l'intérieur du chapiteau. Le temps d'un battement de cils, j'étais clouée au sol et mon cœur tapait comme un tambour contre ma poitrine. J'ai dû me frotter les yeux comme pour bien comprendre. Il y avait une foule de Raëliens, au moins 200 ou 300 personnes, certains nus, d'autres en maillots de bain. Dans cette assemblée, j'ai aperçu ma génitrice, ce qui en soi aurait pu me rassurer. Puis j'ai jeté un œil à la scène. Là, il y avait de grands panneaux en bois. Plus de deux mètres de haut. Chaque planche avait de grands trous à différents emplacements. En regardant de plus près, j'ai soudain vu des sexes qui dépassaient de ces trous. La foule observait la scène et certains Raëliens passaient devant les panneaux et s'approchaient des sexes qui sortaient des trous. Raël était sur l'estrade, habillé d'un pantalon blanc en toile et d'un débardeur assorti, sa tenue fétiche. Il portait un collier avec une grosse médaille du diamètre d'une orange au niveau du plexus solaire, en argent massif, qui représentait une croix gammée incrustée dans une étoile de David. Un bijou unique qu'il était le seul à posséder. J'observais Raël qui dirigeait l'assemblée comme on regarderait le père Noël. C'est dans cet imaginaire féerique et prophétique qu'on me l'avait toujours présenté. C'était lui qui nous gâtait et apportait l'amour et la paix sur Terre. C'était grâce à lui que les gens pouvaient aller mieux, être heureux, vivre éternellement, parce qu'il était *très, très gentil*, me disait-on. Et on me répétait sans arrêt le privilège que c'était de pouvoir l'approcher comme on le faisait. La chance inouïe qu'on avait de profiter de sa compagnie. Je comprenais alors pourquoi, devant lui, tout le monde s'agenouillait et se prosternait à longueur de journée. Pourquoi tant de personnes l'idolâtraient. Ma génitrice en tête. Elle était fascinée par cet homme. Je ne pouvais que l'être également. Raël se baladait de droite à gauche sur la scène, derrière son micro entouré d'un immense dispositif sonore, et il donnait des indications : « Sentez le sexe, ressentez le sexe, inspirez profondément, connectez-vous à vos sens, est-ce que vous reconnaissez le sexe de votre conjoint ? » J'ai regardé la scène, sans bien comprendre ce qui se passait. Ma gorge serrée avait du mal à déglutir. Je ne savais ni comment réagir ni quoi penser, mais j'ai aussitôt senti un malaise s'emparer de mon corps. Lui, il était palpable. Je me sentais même légèrement écœurée, comme si j'avais mangé un sale truc. Les Raëliens reniflaient des sexes, les mettaient dans leur bouche, avaient l'air de les goûter. Je suis d'abord restée plantée dans un état de sidération, mais très vite, je me suis sentie si mal qu'il a fallu que je reparte. Je me suis empressée de rejoindre la tente des enfants pour raconter ma découverte. Essoufflée par ma course, j'ai rapidement expliqué ce que je venais de voir au groupe. Les panneaux, les gens nus, les nez qui reniflaient. Je voulais qu'on m'explique, je voulais comprendre. Mais avant de me laisser le temps de prolonger mon récit et de donner des détails, l'un des moniteurs m'a gentiment demandé de ne pas en parler. On m'a dit de me taire. Alors, obéissante, je me suis tue. Tout de suite, sans poser de questions. J'étais bouleversée, mais je me suis dit : « Lydia, n'y pense plus. » Et finalement, ça m'arrangeait de ne plus y penser. Ce que j'avais vu me contrariait et venait de démolir mon innocence.

Pire, ça me dégoûtait. Et pour que j'arrive à ne plus y penser, il a fallu que j'occulte. Il a fallu que, pour la première fois de ma vie, j'emprunte le chemin du déni de ce qui avait pourtant été mon premier choc.

3

MON ASCENSION RAËLIENNE

Je ne voyais plus les choses de la même manière. Je ne pouvais plus rien voir comme avant, maintenant, j'étais lucide. D'une certaine manière en tout cas. Mon regard d'enfant avait changé. Petit à petit, je me rendais compte, par exemple, que les adultes autour de moi se caressaient, beaucoup. Ils s'embrassaient, et même un peu plus, tous, à tour de rôle. Je les voyais constamment allongés dans l'herbe, en contact physique les uns avec les autres, nus. Ainsi, la nudité et la sexualité faisaient partie de mon enfance. Et je les ai acceptées jusqu'à les trouver normales. Puisqu'on appelait cela de l'amour.

Pourtant, parfois, il y avait quelque chose de très désagréable qui me traversait le corps lorsque j'assistais à cela. Une sorte de mal-être difficile à décrire et à comprendre. J'aurais aimé pouvoir en discuter avec quelqu'un, partager mes sensations, mais je me souviens que je me suis très vite rendu compte que je n'avais personne avec qui en parler. Ni chez moi, ni chez les Raëliens, encore moins du côté de mon école. Là-bas, je ne devais surtout pas raconter mes week-ends raëliens. Personne ne me l'interdisait de façon explicite, cependant, on m'expliquait simplement que les gens autour de nous étaient ignorants et qu'ils ne seraient pas capables de comprendre parce qu'ils n'étaient pas assez intelligents. Il fallait que j'accepte que, les pauvres, ils ne savaient pas la vérité sur le monde. Toute mon enfance, j'ai entendu : « Ils ne savent pas ce qu'ils font ! » Et on m'expliquait qu'il ne fallait surtout pas leur en vouloir. Au contraire, on devait les protéger dans leur ignorance et se montrer plein d'empathie. Plein de compassion. Plein d'amour. Notre savoir et notre « supériorité » devaient nous aider à ne surtout pas les juger. Ainsi, lorsqu'à l'école, on me demandait de raconter mes week-ends, un exercice souvent imposé par les instituteurs en début de semaine, je m'inventais des visites au musée, des projections au cinéma, des balades en forêt. Et parfois, je me contentais de dire que nous n'avions rien fait de spécial. Je disais qu'on était restés à la maison. Ce qui n'était pas totalement faux lorsque mes parents recevaient des amis à l'appartement, des Raëliens, et que je devais rester sage dans ma chambre, dont la tapisserie était recouverte de posters de Raël. Des affiches de toutes les tailles et toutes les couleurs. Je restais là, des après-midis entières, en compagnie de Cabrel et Goldman qui passaient sur ma petite platine, à attendre que mes parents et leurs amis finissent leurs affaires, enfermés dans le salon. Et c'est de cette manière que, sans m'en apercevoir, je me suis familiarisée avec le mensonge. Avec la déformation du réel. Avec un monde coupé en deux. Avec une réalité qui ne pouvait qu'exister si elle n'était pas révélée à l'autre partie du monde. J'ai même longtemps cru que j'étais mythomane tant le mensonge faisait partie de ma vie et n'avait aucune raison d'être remis en question. Je n'avais absolument pas conscience que je n'en étais pas à l'origine. Ma capacité de jugement et de discernement avait été décidée par d'autres personnes que moi. J'en avais été dépossédée sans même m'en rendre compte. Et je devais m'y plier. En fait, je n'avais aucune véritable raison de me rebeller ou de questionner quoi que ce soit.

Solitaire, rejetée et incomprise à l'école, parce qu'on me trouvait « bizarre », le camping raëlien est rapidement et inéluctablement devenu mon havre de paix. Même si je ne comprenais pas grand-chose à ce qui s'y passait, je m'y sentais mieux que n'importe où ailleurs.

Jusqu'à cet après-midi de l'été 1991. Je n'aurais pas été en mesure de le formuler clairement à l'époque, pourtant, j'avais compris que cette fois, j'allais laisser s'installer au plus profond de moi la conviction inébranlable que ma vie était ainsi et qu'elle ne pourrait plus jamais être autrement. Je venais de fêter mes neuf ans et jouais dans la piscine avec mes copains. Je me souviens d'une grande partie de rigolade. D'un moment de joie, de rires sous les grosses chaleurs du mois d'août. À force de m'épuiser dans l'eau, je sentais mes jambes fourmiller de fatigue et mon ventre se creuser de faim, je suis sortie de la piscine pour me reposer en attendant l'heure du goûter, me contentant de regarder mes amis s'éclater. Cela m'amusait presque tout autant, c'était si joyeux. J'ai récupéré ma serviette sur le carrelage, je me souviens qu'elle était bleu ciel et que je l'aimais beaucoup. Je me suis installée sur l'herbe, juste à côté de la piscine, pour observer les jeux de mes copains et rigoler avec eux à distance. Puis, au loin, j'ai aperçu Raël. Je le regardais déambuler dans le camping comme si c'était Michael Jackson. Je n'avais jamais aucun contact avec lui, mais j'étais très attentive à l'admiration sans faille et au respect que tout le monde lui vouait. Je l'ai vu se diriger vers la piscine, puis en faire le tour. Je continuais de rire aux blagues de mes copains tout en observant Raël discuter avec les Raëliens qui se trouvaient près de l'eau. Je le voyais papoter ici et là, tranquillement. Et quelque chose en moi idolâtrait cet homme. Parce que ça n'était pas n'importe qui, c'était le frère de Jésus, quand même. Tout le monde n'avait pas notre chance de le fréquenter et de passer du temps à ses côtés.

Au bout d'un moment, il s'est dirigé vers moi. J'ai senti mon cœur s'emballer à cause d'un certain stress. J'avais du mal à y croire, c'était la première fois que Raël m'accordait de l'importance, et même qu'il semblait noter que j'existais. J'étais persuadée qu'il ne me voyait même pas du haut de mes 1 m 20. Il s'est assis à côté de moi, souriant. Mon réflexe a été de me lever, mais Raël m'a invitée à me rassoir. Et il a dit : « Tu t'appelles Lydia toi, c'est ça ? » Je trouvais ça incroyable qu'il connaisse mon prénom. Innocemment, j'ai répondu : « Oui, oui. Et toi, t'es Raël ! » Il a souri avec les yeux avant d'ajouter : « Lydia, tu as de longs cheveux noirs et tu as des yeux en amande ! Tu es belle ! Tu sais, tu es une très jolie petite fille, tu ressembles aux Elohim, ils sont comme toi physiquement. Tu es comme une petite Eloha. Et tu sais, quand tu seras grande, on passera plus de temps ensemble. Et ça va être bien. »

J'ai souri et acquiescé, comme touchée par la grâce, puisque je vivais cette attention comme un honneur. Dans ma tête de petite fille de neuf ans, assise à côté de Raël, l'homme devant qui tout le monde se prosternait, je me suis sentie importante, fière, aimée, privilégiée. Chouchoutée. Moi qui étais rejetée à l'école, pour une fois, j'étais choisie et on faisait attention à moi. Depuis toujours je me sentais différente des autres, différente du reste du monde, incomprise, spectatrice, et à cet instant précis, j'en avais la confirmation. Le prophète me confirmait que j'étais différente à la nuance près que cette fois, cette différence était synonyme d'exceptionnelle. Assise sur ma serviette bleue, dont la couleur se confondait désormais avec celle du ciel, je me suis sentie extraordinaire. Une force inouïe venait habiter mon corps, je me sentais légère, des ailes dans le dos, prête à m'envoler. Raël s'est relevé, j'ai fait de même. Il s'est baissé légèrement et m'a embrassé le front avec tendresse, dans un geste que j'ai trouvé très paternaliste. Puis il m'a dit : « Embrasse ta maman de ma part. » Je lui ai offert mon plus grand sourire de gratitude, j'ai attrapé ma serviette et suis partie en courant, presque en volant, rejoindre la tente où nous logions. Propulsée par un élan de fierté incommensurable dont il fallait qu'elle témoigne, j'ai crié : « Maman, Maman !!! Raël m'a parlé !!!! Et il m'a dit de te dire bonjour !! »

Ma génitrice a souri avec le cœur, elle était si heureuse. Je lisais dans ses yeux une reconnaissance à mon égard que je n'avais jamais perçue auparavant. Elle était fière. J'avais rendu ma génitrice fière, et ça n'était encore jamais arrivé. Et j'ai follement aimé ce moment de joie chez elle. Cette femme avait toujours le souci des apparences. Totalement instable et cyclothymique, elle pouvait errer sur le canapé de l'appartement des journées entières, et soudain se frapper la tête contre le mur. En revanche, lorsqu'il y avait des gens, des amis, des invités, elle montrait toujours le meilleur d'elle-même. En compagnie du reste du monde, c'était une femme pleine de vie, radieuse, contente. En coulisses, c'était une autre histoire.

Elle me donnait à manger, m'habillait et s'occupait de moi, mais, à ses yeux, je n'étais pas aussi importante que les autres, que tous les autres. Je n'étais pas sa priorité. Sa priorité, c'était ces autres, et depuis *Le Livre qui dit la vérité*, c'était Raël. Ce jour d'août 1991, grâce à moi et à travers moi, ma génitrice avait obtenu ce dont elle rêvait : la considération de Raël. Et moi, à travers son regard de fierté, j'obtenais ce qu'elle ne me donnait jamais : de la reconnaissance. Ce jour-là, j'ai compris que mon propre besoin de reconnaissance était comblé lorsque je remplissais le sien. Et que le sien était couplé à la considération de Raël, il en était même indissociable. Désormais, c'était clair dans ma tête :

si je voulais obtenir la considération de ma mère, cela devait passer par Raël. Ce fut un véritable déclic pour moi. Et j'ai basculé ce jour-là. Précisément à ce moment-là de ma vie. Puisque j'avais enfin trouvé comment faire la fierté de ma génitrice.

Les jours suivants, comme apaisée, j'assimilais l'information. En parallèle, je remarquais que les comportements des Raëliens changeaient un peu à mon égard. Désormais, de façon très subtile, j'étais davantage choyée. Le moment avec Raël n'avait échappé à personne et, dans le langage raëlien, il signifiait qu'il fallait faire attention à moi. Alors on s'occupait de moi et on me donnait énormément d'amour et d'attention. Tout ce que je n'obtenais que rarement auprès de ma mère, soudain, la communauté tout entière me l'offrait. Et c'était également lié à Raël. Les Raëliens voyaient en moi une petite Eloha parce que, hasard de circonstances, je ressemblais réellement aux dessins que Raël avait faits après sa rencontre avec les Elohim. J'étais bien cette petite fille aux longs cheveux noirs, aux traits fins, avec de grands yeux en amande.

À la fin de l'été, comme après chaque stage, il y avait une « remise des niveaux ». Une cérémonie lors de laquelle les Raëliens recevaient des récompenses en fonction de leur implication. Un prix était décerné à celui qui avait donné, par exemple, le plus d'argent, une autre récompense au Raëlien qui avait fait la meilleure publicité, ou encore la meilleure action pour le mouvement…

Les stages se déroulaient toujours en deux parties. Une première semaine consistait en un stage d'éveil ouvert à tout le monde. La deuxième partie était un stage de guides qui permettait aux Raëliens les plus impliqués de comprendre la structure du mouvement, la façon de l'agrandir et les méthodes pour aller chercher davantage d'adeptes. Ce stage expliquait les approches de prosélytisme qui, à l'époque, étaient autorisées en France. L'idée étant que plus un Raëlien participait à des stages, plus il montait en grade dans la hiérarchie. Il y avait ainsi trois niveaux de stage d'éveil ; après quoi, il y avait ce qui s'appelait le statut « Guide niveau 4 », pour finir avec « Guide niveau 5 » qui correspondait aux évêques. Au-dessus de ce niveau, personne n'avait accès, puisque c'était la place de Raël.

Lors de cette cérémonie de la fin de l'été 1991, j'avais été choisie pour tenir le plateau sur scène aux côtés de Raël. Un plateau sur lequel étaient disposés des diplômes. La cérémonie durait plus de deux heures, ce que je trouvais très long, le plateau était lourd, je sentais mes bras chauffer et se tendre, ça tirait dans les muscles de mes petites jambes, mais j'étais si fière de me tenir sur scène à quelques mètres à peine derrière Raël que je parvenais à éclipser mes douleurs et ma fatigue. À chaque remise de prix, le prophète venait récupérer un papier et me souriait, ou m'offrait un clin d'œil. J'étais contente de mon rôle, flattée, et à aucun moment je ne me suis vue comme une pauvre potiche de neuf ans. J'avais droit à la reconnaissance du prophète bien aimé et je sentais une complicité se créer entre nous. J'étais heureuse et utile. Fière et accomplie. Et je suis repartie du stage avec cette image dans la tête et avec une seule hâte : que l'été suivant arrive au plus vite. Raël n'assistait pas à tous les stages ou rassemblements au cours de l'année, mais l'été, j'étais certaine de le revoir.

Je suis retournée à l'école dans cet état d'esprit, presque indifférente à l'accueil hostile qu'on me réservait. Étrangement, je m'y habituais. Peut-être parce qu'on finit par s'habituer à tout, même au pire. Et parce que je savais que dès que je retrouverais mes amis raëliens, je serais bien.

Au mois d'octobre, mon petit frère est né. Cette arrivée soudaine d'un nouveau-né à la maison est venue chambouler l'équilibre de la famille. J'ai tout de suite adoré mon petit frère et voulu le protéger, mais ma génitrice, elle, m'a délaissée. En tout cas, je me suis sentie mise à l'écart. J'aimais très fort mon petit frère, mais j'en étais secrètement jalouse. Même si je reconnaissais que grâce à lui, malgré notre grande différence d'âge, je n'étais plus aussi seule.

L'année s'est ainsi déroulée comme la précédente, le petit frère en plus, entre week-ends raëliens et vie scolaire compliquée. Puis l'été est enfin arrivé. J'allais retrouver mes copains, et surtout, Raël serait là.

Cet été-là, l'été 1992, l'été de mes dix ans, je passais de super moments, comme chaque année. L'Eden était une constante dans ma vie, la seule constante joyeuse. C'était un lieu où je savais ce que j'allais retrouver et dans lequel je n'avais pas de grandes surprises. Mais il y a eu un après-midi différent.

Alors que je jouais avec mes amis, une sublime femme typée asiatique, qui était la femme de Raël à cette époque, est venue me voir. Elle se promenait rarement dans l'Eden, alors elle était extrêmement respectée lorsqu'elle faisait une apparition. Elle avait droit à un accueil très chaleureux et de nombreuses marques de respect. Du haut de mes dix ans, je ne pouvais que continuer d'associer la proximité avec Raël au respect du monde entier. Elle s'est approchée de moi délicatement, s'est mise à ma hauteur et, très gentiment, elle m'a proposé de venir m'assoir à côté de Raël lors du spectacle qui allait se tenir en fin de journée. Tous les soirs étaient animés par des spectacles de danse, de musique, de théâtre, les Raëliens adorant l'art. C'est aussi ce que j'appréciais à l'Eden, il y avait toujours une ambiance festive, de partage, de moments collectifs avec une forte activité artistique. J'étais très honorée par cette invitation aux premières loges du prochain spectacle, alors j'ai souri à la femme de Raël et je lui ai répondu que je devais simplement demander l'autorisation à « ma maman » qui, elle, bien sûr, n'y a vu aucun inconvénient.

Lors du spectacle, désormais assise à côté de Raël, je prenais conscience de mon privilège. Je voyais l'admiration dans les yeux de ma génitrice qui m'observait depuis sa table, en contrebas. J'étais la seule enfant à tenir une telle place auprès du prophète. Nous assistions au spectacle, tout était joyeux, et moi, j'étais comme une reine. Mais d'un coup, Raël a posé sa main sur ma cuisse. D'une façon qui n'avait rien de sexuel, et qui était plutôt amicale. Comme une petite tape gentille. Sa femme était à côté, ce qui aurait dû me rassurer. Pourtant, à la seconde où sa main est entrée en contact avec ma chair, je ne me suis pas sentie bien. Je ne pouvais pas me l'expliquer, mais je n'ai pas aimé qu'il me touche la cuisse. Ce geste m'a beaucoup contrariée, toutefois, je n'ai rien laissé transparaître. J'ai continué d'assister au spectacle en y repensant, très mal à l'aise. Et cela m'embêtait d'être soudain dans cet état qui me gâchait la fête. Je me souviens de m'être dit que mon corps et ses réactions déplacées commençaient à me créer des ennuis inutiles. Je trouvais cela pénible qu'il ait toujours besoin de se manifester de façon désagréable alors que je ne lui demandais rien. Et c'est sans doute à ce moment-là que j'ai décidé de ne plus lui accorder trop d'attention, de me méfier de lui, de ne pas écouter ce qu'il avait à dire, et ce jusqu'à le faire taire.

À la fin des animations de théâtre, on nous a servi le dîner. Raël a rapproché son assiette de moi et m'a demandé de goûter son plat. Je l'ai regardé, dubitative. Il m'a alors gentiment souri et m'a dit, en rigolant : « Comme ça, si on m'empoisonne, c'est toi qui meurs ! Et tu meurs pour moi. Ce serait un cadeau merveilleux, ça ! »

J'ai alors goûté son plat et la seule chose que j'étais en mesure de me dire, c'est que j'avais beaucoup de chance. Je me suis sentie honorée et privilégiée. Privilégiée jusqu'à en mourir.

4

LE VENT TOURNE

Le 12 octobre 1992, ma vie a considérablement empiré à l'école. Une date bien précise qui a tout bouleversé. Du jour au lendemain, tout s'est davantage dégradé de façon irréversible. Et sans que je comprenne pourquoi, puisque je n'avais pas accès à l'information majeure qui avait subitement altéré mon quotidien.

La veille, Raël avait été l'invité de l'émission culte *Ciel mon mardi*. Programme phare de l'époque présenté par Christophe Dechavanne et qui faisait exploser les audiences télévisuelles. Raël vouait une passion aux médias. Plus que tout, il adorait être dans la lumière, écouté par tous tel un messie. Sous les feux des projecteurs, il jubilait. Et pendant longtemps, il y avait été reçu chaleureusement. Mais ce soir-là, ce que Raël ignorait, c'est que la chaîne avait invité à son insu un dénommé Jean Parraga.

Un ancien membre du mouvement qui, après avoir gravi les échelons au sein du groupe, disait être parvenu à quitter ce qu'il a été le premier à nommer publiquement « une secte ». Son intervention a eu l'effet d'un détonateur sur de nombreuses consciences. Lors de cette interview, Jean Parraga a accusé Raël de lui avoir volé ses enfants et son épouse, Sylvie Mestres, une Raëlienne qui était toujours dans le mouvement. Laissant sous-entendre qu'elle était tellement impliquée dans le groupe qu'elle se trouvait désormais dans le lit de Raël. À l'époque, Sylvie Mestres avait sorti un titre intitulé *Elohim*, qu'ils avaient composé ensemble avec Jean Parraga. Une sorte d'hymne dans lequel elle appelait chacun à écouter le message de liberté, de fraternité, à sortir du néant et à rejoindre le chemin de la vérité. Et pour la petite anecdote, c'est entre autres grâce à ce morceau et une brève carrière dans les années 1990 que la chanteuse a représenté la France à l'Eurovision un peu plus tard, en 1999. Plusieurs associations antisectaires se sont opposées à cette exposition médiatique du mouvement, en vain. En guise de réparation peut-être, Sylvie Mestres a terminé en bas du classement avec un total de quatorze points.

Dans cet épisode de *Ciel mon mardi*, Jean Parraga disait avoir été dans la secte pendant quatre ans. Dès le début de l'émission, il a qualifié Raël de monstre et de vicieux, et il déclarait que ce « gourou » l'avait même dépouillé et envoyé en prison. « Arrêtez les stages de méditation !! C'est pire que la drogue, pire que la toxicomanie. Ne prenez pas Raël pour un malade, c'est une crapule ! », criait-il au micro. « Je vous assure qu'il se passe de ces choses dans cette secte ! C'est incroyable ! Moi-même, je parlais de faire l'amour à mes gosses qui ont six et huit ans ! ». Le public présent dans le studio semblait tout aussi décontenancé que l'animateur. C'est alors que Christophe Dechavanne a demandé qu'il précise ses propos : « Que voulez-vous dire exactement, que se passait-il dans la secte ? » Jean Parraga, venu pour en découdre, mais très souvent absorbé par son émotion et son stress, a rétorqué : « De tout. De tout. Des attouchements sexuels, il n'y a que ça, monsieur Dechavanne ! »

Jean Parraga a ensuite expliqué avoir entamé une procédure avec un avocat afin de libérer ses enfants qui, selon lui, étaient retenus dans la secte avec son ex-femme. Il craignait le pire pour eux et a confié : « Dans le mouvement, ils donnent des cachets aux enfants pour qu'ils dorment et qu'ils fichent la paix aux adultes pendant leur stage ! » tout en singeant un acte sexuel. Toute la durée de l'interview, alors que Jean Parraga se démenait pour montrer au grand jour le vice et l'arnaque qu'était Raël, de son côté, le supposé prophète campait une attitude décontractée.

On pouvait le voir en gros plan en train de ricaner, de se moquer, de lever les yeux au ciel. Son cynisme était enfin visible à qui voudrait le voir. Et cette fois, il n'a pas échappé à l'opinion.

Moi, je n'avais pas vu l'émission, je ne l'ai découverte que des décennies plus tard. À l'époque, puisqu'elle avait été retransmise tard le soir, en deuxième partie de soirée, j'étais couchée. En retournant à l'école le jour suivant la diffusion du programme, et sans que je puisse comprendre quoi que ce soit, les choses avaient radicalement changé. Si jusqu'à présent, on me prenait simplement pour la fille bizarre dont la mère était à moitié dingo, désormais, on me soupçonnait d'être dangereuse. Dans la tête des autres parents d'élèves, il ne s'agissait plus d'un mouvement hippie un peu débile pour illuminés inoffensifs ; maintenant, il était question de secte. D'attouchements sur enfants. Il était question de quelque chose de bien plus tordu que ça n'en avait l'air. Et ça n'était plus une hypothèse, c'était factuel, puisque la télévision en avait parlé. Raël et ses acolytes dirigeaient une secte potentiellement dangereuse dans laquelle il se passait des choses pas très nettes et il fallait s'en tenir à l'écart. C'est ainsi que mon quotidien à l'école est irréversiblement devenu un calvaire sans fin, une pluie d'insultes et de moqueries quotidiennes, un torrent de haine.

Ce n'est qu'un peu plus tard, le 13 décembre 1993 très précisément – je m'en souviens puisqu'il s'agissait des 20 ans du mouvement –, que mon regard aussi a changé. Quelque chose en moi a ressenti le même malaise que la société française lors de cette émission. À la seule différence que moi, je faisais partie du mouvement, je n'avais que onze ans et surtout, je ne connaissais rien d'autre. J'étais désarmée et sans aucune issue de secours, mais le malaise a été si saisissant que rien que d'y penser, il m'en donne encore la chair de poule.

Pour célébrer l'anniversaire et assister à la transmission du plan cellulaire de plusieurs nouveaux adeptes, de nombreux Raëliens s'étaient retrouvés au puy de Lassolas pour le week-end. Ces terres volcaniques, situées près de Clermont-Ferrand, étaient le premier lieu où Raël disait avoir rencontré les Elohim. Le matin de la célébration, nous avons quitté nos hôtels respectifs et sommes partis, comme pour une grande randonnée, arpenter les cols afin de rejoindre les volcans. Nous avons marché un long moment dans l'air froid des montagnes jusqu'à atteindre une sorte de grande plaine aux courbes remarquables. Je marchais avec le groupe tout en me sentant très heureuse de partager ce moment avec des gens que je trouvais formidables, dans un endroit magique. Une force émanait de nous, c'était agréable cette sensation de groupe, pour moi qui étais constamment esseulée et chahutée ; ici, on faisait corps. Mieux : j'avais l'impression de vivre quelque chose d'extraordinaire, un moment historique, entourée de plus de 200 Raëliens.

Arrivé au niveau d'un point culminant sur les massifs, Raël s'est installé légèrement en contrebas, au centre d'une sorte de cuvette naturelle. Les Raëliens ont formé un grand cercle autour de lui, respectant une distance d'environ 20 mètres. Et pendant un peu plus de deux heures, nous avons assisté à la cérémonie d'anniversaire et à une vingtaine de transmissions de plans cellulaires.

Après cela, nous sommes tous restés profiter de la nature et de son énergie quelque temps, puis, en fin de journée, nous sommes rentrés à l'hôtel. Les organisateurs du mouvement y avaient loué une grande salle qui accueillait généralement des séminaires d'entreprise. Tout le monde était en train de s'installer dans la pièce, d'échanger ses impressions, de vivre un moment de partage unique, lorsque Raël m'a appelée pour que j'aille le saluer. Je l'ai rejoint, naturellement. Il m'a invitée à m'assoir à ses côtés. Je ne me suis pas fait prier. Et alors qu'il me demandait de lui donner de mes nouvelles et de lui raconter comment j'allais, soudain, il a posé une main sur ma cuisse et m'a embrassée dans le cou. Je me souviens que cet enchaînement auquel je ne m'attendais pas m'a tétanisée. Mon cœur était en tachycardie. Je n'ai pas compris son geste, pourtant inoffensif de prime abord. Dans une sorte d'automatisme de défense, je me suis levée aussitôt. Comme prise d'un énorme malaise. De façon soudaine et imprévisible. Je me souviens qu'à partir de ce moment, sans que je puisse l'expliquer et encore moins le comprendre, j'ai su que quelque chose n'allait pas. J'ai compris qu'il y avait un problème. Mais mon réflexe, le seul dont j'aie été capable, a été de m'en vouloir. J'ai pensé : « Pourquoi, avec tout ce qu'il me donne, je ne suis pas bien ? Qu'est-ce qui ne tourne pas rond chez moi pour que je réagisse comme ça alors que tout le monde aimerait être à ma place ? » J'étais incapable d'accorder de l'importance à mon ressenti. On m'avait toujours dicté quoi penser et tout m'était constamment présenté d'une manière qui m'empêchait de réfléchir, mes sens étaient déboussolés, je ne pouvais même pas imaginer que j'en avais, puisqu'on ne m'avait jamais invitée à les écouter ; comment aurais-je pu soudain laisser mon être profond s'exprimer ? Je savais que je n'avais pas aimé le contact de Raël sur ma cuisse ni son bisou, je le savais, pourtant, je n'étais pas en mesure de l'accepter ni même de le croire. À la place, je culpabilisais. Et je m'en voulais de ne pas réussir à apprécier un tel moment de privilège. J'ai pensé que c'était de ma faute et que je n'étais pas normale de penser ainsi. J'ai pensé que je ressentais mal les choses et qu'il fallait que je fasse un effort. Pire, je me détestais parce que je ne me sentais pas à la hauteur. À tel point que j'ai décidé d'enfouir mon ressenti au plus profond de moi, jusqu'à l'occulter. De façon radicale et instantanée. Pour toujours, faire taire cette petite voix intérieure qui n'était pas d'accord avec ce qui était et ce qui devait être. Pour ne laisser aucune place au doute ou à la révolte. Je savais que Raël avait sur moi un pouvoir très puissant, même si je ne pouvais le qualifier d'emprise à l'époque, quelque chose me poussait à me soumettre. J'étais face à mon plus grave problème : j'étais consciente de tout cela, c'était ma plus grande force et ma pire faiblesse, car malgré ma lucidité, je ne pouvais rien y faire. À partir de ce moment, je n'étais plus simplement sous emprise, j'étais devenue consentante, malgré moi. Volontaire. Quelque chose en moi me poussait à agir de cette façon, quelque chose qui me dépassait et de bien plus fort que ma simple volonté. J'avais appris à mentir à l'école au sujet de mes activités du week-end, maintenant, je mettais en place un mensonge bien plus complexe à démonter : je me mentais à moi-même. Et je m'en accommodais. Je n'ai compris que plus tard que ma réaction avait surtout été le seul moyen à ma disposition pour permettre à ma génitrice de vivre, à travers moi, ce qu'elle désirait plus que tout au monde : la considération du prophète. Je devais continuer de lui offrir ce qui la rendait heureuse. Et, même si je ne pouvais pas me le formuler clairement, une partie de moi a commencé à détester Raël ce jour-là. À cet instant précis, je l'ai su. Mais je ne pouvais pas me l'avouer. Cet homme avait beau être un grand prophète, il prenait tout l'amour de ma « maman » et toute son attention. Il était sa priorité, et moi, on ne me laissait que des miettes.

Pourtant, de son côté, la vie de Raël était loin d'être enviable et paisible. Elle était même devenue très compliquée, puisque son mouvement était désormais pointé du doigt par certains médias et une grande partie de la population française. Pendant des mois, Raël s'est alors appliqué à préparer le terrain d'un éventuel départ. Il orientait ses prêches dans le sens d'une lutte. Le mouvement allait devoir se battre. Il expliquait à ses fidèles que, même en son absence, il faudrait que le mouvement continue, et il s'appliquait à le renforcer de l'intérieur. Raël disait qu'il fallait tenir bon, être plus forts que jamais, continuer d'insuffler la paix, ne rien lâcher, être soudés les uns aux autres. Ces prises de paroles combattives ont créé davantage de solidarité entre les Raëliens, puisque leur mission était désormais de sauver le mouvement et de prouver au monde entier qu'il avait tort. Et c'est dans cette logique que les guides-évêques ont vu leurs rôles respectifs s'amplifier. Ils ont eu à cœur de prendre le relais, ainsi que l'organisation des stages et des week-ends raëliens. Ils ont pris davantage de contrôle et de pouvoir. Et sans crier gare, Raël, qui avait senti avant tout le monde que les choses allaient mal tourner, est parti du jour au lendemain pour s'installer au Canada. Là-bas, le mouvement était reconnu comme une religion ; Raël s'y était implanté depuis plusieurs années et y comptait de nombreux fidèles. Au début de l'année 1995, Raël est parti sur l'autre continent tel un exilé et n'allait plus jamais remettre un pied en France. Ce qui, pour moi, aurait pu être la fin de ce cauchemar n'était en fait que le début.

5

DANS LA GUEULE DES LOUPS

L'Eden a été vendu. Je venais de fêter mes treize ans lorsque, pour le déroulement des stages de l'été 1995, les Raëliens se sont regroupés en Suisse. Le hasard a fait que ça a été cet endroit plutôt qu'un autre. Certains Raëliens qui vivaient dans la région étaient parvenus à organiser le séjour. Raël, lui, continuait de gérer le mouvement à distance. Je ne l'avais pas revu depuis son départ, mais je savais qu'il restait maître des opérations, même à presque 10 000 kilomètres de nous.

Nous étions à Sierre, ce petit village en pleine nature où les Raëliens finiraient par s'installer en masse quelques années plus tard. À cette époque, les Raëliens locaux hébergeaient certains Raëliens d'Europe, et d'autres étaient logés au camping du coin. Le mouvement avait loué un immense gymnase pour le bon déroulement des cérémonies et des spectacles. Le gymnase faisait office d'Olympe, le chapiteau en moins.

J'ai tout de suite aimé cet endroit, ainsi que l'attention que m'accordaient les guides. Peut-être que j'ai pensé que ce lieu neutre était synonyme d'un nouveau départ et que Raël n'étant plus là, les choses allaient devenir plus simples pour moi. D'ailleurs, tous les Raëliens étaient aux petits soins avec moi, ce qui me confortait dans l'idée que les choses allaient s'arranger. On me disait sans cesse que j'étais très belle et très intelligente. Et j'acceptais les éloges sans les remettre en question. Elles me permettaient même de me redorer le blason après l'année scolaire épouvantable que je venais de vivre, puisque mes camarades de classe, eux, ne faisaient que me haïr davantage.

Lors de mes différents stages et week-ends raëliens, j'étais tellement mise en lumière et valorisée que l'écart avec l'école ne cessait de se creuser. J'avais beau passer mon temps en classe à regarder par la fenêtre et à vivre dans ma bulle, absente, les insultes et le mépris des autres élèves ne faisaient que croître. À longueur de journée, on me traitait de *pas normale*, de *pas nette* et de *folle*. Alors, dans ma tête, je laissais tourner un autre disque de croyances. Pour combattre tant de haine, je me persuadais que j'étais Miss Monde. C'est ainsi que j'ai fini par prendre tout le monde de haut, malgré mes notes catastrophiques. Mon soutien-gorge rembourré à l'aide de coton ou d'une paire de chaussettes, équipée d'une courte robe grise, de chaussettes jusqu'aux genoux, de baskets, d'une paire de lunettes et d'un appareil dentaire, j'étais convaincue que je savais tout et que ces pauvres imbéciles n'avaient rien compris à la vie. Un jour avec une forte poitrine, le lendemain les seins plats parce qu'il m'arrivait de ne rien ajouter, j'étais capable de leur rétorquer, pleine d'aplomb : « Pfff, mais taisez-vous, vous ne savez rien ! Vous ne savez pas ce que vous faites, vous ne savez pas qui je suis ! » C'était ma façon de tenir. De survivre. Et j'avais fini par croire que j'étais réellement un être supérieur. Qu'effectivement, je faisais partie du peuple élu. Que j'étais privilégiée, fantastique et que mon existence était hors du commun. Je n'avais pas un seul ami, je n'en avais jamais eu en dehors du mouvement. C'était moi contre le reste du monde. J'allais à l'école la boule au ventre, mais je me disais que c'était le prix de la vérité. Ça n'était pas que de la souffrance, c'était simplement le revers de la médaille qu'il me fallait accepter. Et au fond de moi, un solide mojo s'était construit et me permettait d'affronter ce monde hostile d'ignorants. Trois mots : « Je vous emmerde. » J'arrivais en classe, je voyais les têtes et les regards de tous ces élèves qui me détestaient, et je me répétais intérieurement, dans un rugissement de révolte silencieuse : « Je vous emmerde. » Je ne me formalisais plus autant qu'on ne m'aime pas ici, car je savais qu'on m'aimait inconditionnellement ailleurs.

Lors de cet été 1995, plus choyée et valorisée que jamais par les guides et la communauté, j'ai fait ma transmission du plan cellulaire. C'était Michel qui célébrait la cérémonie. Michel était un guide-évêque du mouvement, un des plus proches de Raël. Un artiste canadien de 50 ans qui venait animer les stages en Suisse. Il était accompagné de Christian, un autre guide-évêque canadien du même âge. Et tous deux animaient les stages en remplacement de Raël. Et c'est avec eux et Marie, une Raëlienne de seize ans, la fille d'un autre guide Suisse, que j'ai passé l'été. Une sublime jeune fille blonde, les traits fins, très charismatique. Sans que les choses aient eu l'air prémédité, je faisais désormais partie de ce groupe très restreint de privilégiés. Ma génitrice me laissait vaquer à mes occupations, comme on laisserait une jeune adolescente tranquille profiter de ses vacances au sein d'un camping. Quant à mon petit frère, il était au Club des Enfants et jouait maintenant avec les petits de son âge.

La routine de mon séjour s'est vite installée, sans que je puisse décider de quoi que ce soit, et sans que je m'y oppose. Sans que l'idée me traverse l'esprit, en réalité. Je passais l'intégralité de mes journées avec Michel, Christian et Marie. Nous mangions ensemble, parlions ensemble, allions aux spectacles ensemble et aussi, nous faisions des siestes les après-midis. Je ne retournais voir ma génitrice que le soir, pour dormir.

Les siestes, je les faisais avec Christian. Et Marie, avec Michel. Après le déjeuner, et avant que les stages de l'après-midi ne reprennent, je devais rejoindre Christian dans sa chambre. Le rituel avait été installé dès le premier jour. Il m'avait demandé de l'accompagner pour se reposer et, naïvement, j'avais pensé qu'il était réellement fatigué. Il donnait tous les matins des cours de méditation sensuelle, je pouvais imaginer que c'était épuisant et qu'il avait besoin d'un sas avant d'affronter les séances de l'après-midi. D'ailleurs, lors de la première sieste, j'étais allongée dans le grand lit, à côté de Christian, et il m'a prise dans ses bras tendrement. Rien de plus. Mais petit à petit, au fur et à mesure que les stages avançaient,

Christian me faisait des caresses et des câlins, sans jamais toucher mon sexe. Pendant ces moments de tendresse, nous avions de grandes discussions. Ça avait commencé par une question. Il m'avait demandé, avec beaucoup de douceur : « Il aime quoi, Raël ? » Aussitôt, et très impliquée, j'avais répondu : « Le chocolat ! » Christian avait ri, avant de mieux formuler sa question : « Je veux dire, qu'est-ce que Raël aime avec les femmes ? » J'ai séché à cette question, parce que je n'en avais aucune idée. Christian m'a regardée avec complicité et il a décrété : « Alors, je vais t'apprendre ! » Et c'est ainsi qu'il s'est mis à m'expliquer les choses. Toutes sortes de choses. Par exemple, j'ai appris ce qu'était une fellation. Il m'a présenté cet acte de manière à ce que je puisse aimer le faire. Il m'a même dit que j'allais adorer ça. Christian souhaitait qu'il n'y ait aucun tabou entre nous. Il m'a confié être très pressé que je puisse prendre son sexe dans ma bouche. Je ne comprenais pas bien ce qui se passait, car du haut de mes treize ans, même si je baignais dans un univers sexué, j'étais encore très naïve. Je sentais l'excitation de Christian et j'étais bien consciente qu'il s'agissait de quelque chose de sexuel, mais je ne voyais pas cela d'un mauvais œil, parce que je ne le comprenais pas. Pendant les siestes, il m'expliquait ce que Raël allait adorer. « Pour plus tard », disait-il. Déjà, il allait falloir que je me rase les parties intimes. Je n'avais à l'époque que trois poils qui se battaient en duel sur le pubis, donc ça n'était pas si compliqué à envisager. Aussi, j'apprenais qu'il me faudrait toujours penser à marcher deux pas derrière Raël, à ne jamais le précéder. Et puis, Christian a insisté sur une chose essentielle. Il m'a dit que lors de mes rapports sexuels avec Raël, il faudrait que le plaisir soit tourné vers lui. Toujours. Parce que c'était à travers le plaisir de Raël que je pourrais en donner aux Elohim. Et ça serait cela, ma mission en tant que femme élue : transmettre le plus de plaisir possible aux Elohim. Enfin, Christian m'a appris certains gestes. Il pouvait me guider lorsque je lui caressais le torse. Je m'exécutais d'une certaine manière et lui corrigeait mes mouvements : « Plutôt comme ça, Raël préfèrera », précisait-il.

Mes siestes étaient des cours d'éducation à la sexualité. À la sexualité de Raël, dont Christian profitait au passage. Mais je ne voyais pas les choses ainsi. J'aimais passer du temps avec Michel, Christian et Marie, même si les siestes m'indisposaient. Encore une fois, je pensais que d'une manière générale, il y avait toujours un revers de médaille et qu'il fallait l'accepter. La vie était ainsi faite. Malgré tout, parce que je n'étais pas à l'aise avec ce revers-là de la médaille, j'ai essayé d'en discuter à Marie. Je voulais connaître son ressenti, parce que j'imaginais qu'elle vivait la même chose de son côté, avec Michel. Mais je n'ai jamais réussi à en parler avec elle. Ni avec certaines adolescentes du mouvement. Les quelques fois où j'ai tenté de leur en toucher un mot, elles ne voyaient pas du tout ce dont il était question. Quant à ma génitrice, elle ne me demandait jamais ce que je faisais de mes journées, j'aurais eu de grandes difficultés à lancer une discussion avec elle à ce sujet. J'ai alors vite compris que je ne pourrais en parler à personne. Ce qui se passait dans la maison des guides restait dans cette maison.

Puis, lors de la dernière sieste, les choses ont pris un virage plus radical. Alors que nous discutions tranquillement, subitement, Christian m'a embrassée. Il a pris ma main et la mise autour de son sexe. J'ai eu à faire quelques mouvements qu'il m'indiquait avant de très vite sentir une substance liquide dégouliner entre mes doigts. Je ne savais pas ce que c'était. Malgré mes dizaines de cours d'éducation sexuelle, j'ignorais ce qu'était la jouissance. Et je ne pouvais absolument pas me douter qu'elle se manifesterait avec un liquide visqueux blanc qui sortirait du sexe. Je ne comprenais pas la mécanique, et j'étais troublée que quelque chose puisse jaillir d'un corps. Je me suis vite reculée. Christian a voulu me rassurer : « Ne sois pas dégoûtée, surtout pas, c'est normal. Et tu sais, peut-être qu'un jour tu mettras ce qui sort de mon corps dans ta bouche. » Je me suis sentie très gênée. Essentiellement parce que je ne voulais pas lui dire ni lui montrer à quel point j'étais mal.

Peut-être que la discussion téléphonique que j'avais eue avec Raël quelques jours plus tôt m'avait inconsciemment préparée à accuser le moment et ma contrariété passagère. Nous déjeunions tous les quatre avec Michel, Christian et Marie, lorsqu'un fax est arrivé. Michel est allé le récupérer. Il est revenu, pressé : « Il faut appeler Raël ! » Il a vite attrapé le téléphone, pendant que nous le regardions faire sans bien comprendre de quoi il s'agissait. Il a dit : « Bonjour Raël. Oui, je vais bien. Je te la passe. » Il s'est approché de moi et m'a tendu le téléphone. Au bout du fil, la voix de Raël que je n'avais pas entendue depuis plus d'un an.

— Lydia, comment vas-tu ? Est-ce que tu passes un bon stage ?

— Oui, merci !

— Tant mieux. Je suis très content que tu passes du temps avec Christian, Michel et Marie. C'est super. J'ai hâte de te revoir. On va bientôt se revoir, je te le promets. Même si c'est long, tu fais partie de ma vie, on va se revoir.

J'ai le souvenir d'un échange qui a duré un certain temps, mais je ne me souviens que de ces quelques mots. À la fin de la discussion, je lui ai juste demandé à qui je devais donner le combiné, mais avant que je ne termine ma question, Raël avait raccroché. J'ai été surprise qu'il ne parle à personne d'autre. Et bizarrement, je l'avais vécu comme un honneur, une fois de plus. D'autant que personne n'a osé me demander la teneur de notre échange. Ces silences, ces non-dits, ils s'installaient naturellement dans mon quotidien et devenaient la chose la plus difficile à déconstruire. Parce que sur le moment, encore une fois, je pensais qu'il s'agissait d'un traitement de faveur, je n'avais donc aucune raison de m'offusquer.

À la fin de l'été, je suis retournée à l'école, et le même genre d'année scolaire que la précédente s'est ensuivie. Insultes et moqueries à encaisser. Mépris et arrogance de ma part à diffuser. Mes bulletins scolaires étaient toujours aussi mauvais, avec des notes oscillant autour de zéro et ne dépassant jamais quatre, sauf lors de rares fulgurances où je pouvais soudain décrocher un 19/20 à un contrôle. Cet échec scolaire exaspérait mon père et me faisait passer de sales quarts d'heure. Cependant, mon géniteur était tellement effacé dans le reste de la vie de famille que son autorité, provisoire et uniquement exercée dans le cadre des résultats scolaires, n'avait pas beaucoup d'impact sur moi. Je m'en voulais de ne pas le rendre fier, mais au fond, tout ça me laissait assez indifférente, j'étais bien trop encombrée par tout le reste. J'étais d'ailleurs tellement chargée que parfois, lorsque j'allais faire des *pyjama parties* chez ma cousine stéphanoise Alma, de quatre ans mon aînée, il m'arrivait de lui raconter ce que je faisais lors de mes week-ends. De lui dire la vérité. Au début, je lâchais quelques informations disparates, comme Le Petit Poucet qui dépose des cailloux ici et là, sous forme d'indices. Je restais floue et j'attendais qu'Alma me pose des questions pour lui en dire davantage. Puis, un soir, elle a fini par réagir. Interloquée, elle m'a demandé : « Mais Lydia, tu faisais quoi exactement ? » Presque soulagée, je lui ai raconté *exactement* tout ce que je faisais. Dans les moindres détails, un peu fière aussi d'avoir vécu autant d'expériences à mon âge. Et elle m'a écoutée, sans juger. Alma, c'était ma seule confidente. Avec elle, j'étais en confiance et j'aimais beaucoup sa mère, ma tatie, une des rares sœurs de ma génitrice qui n'avaient pas été aspirées par le mouvement. Mon cousin, Yacine, lui aussi, je l'appréciais énormément. Il avait dix ans de plus que moi et je le considérais comme un grand frère. Toujours très protecteur. Au point que, parfois, lorsque je passais une soirée chez eux, j'avais le vague sentiment que je n'étais peut-être pas née au bon endroit ni du bon côté de la famille.

Puis le mois d'août 1996 est arrivé, et ça a été le même genre d'été que le précédent. La Suisse, les stages, les siestes. Des siestes plus poussées. Des siestes où il ne s'agissait plus tant de la théorie autour des fellations, mais de pratique. Je n'y échappais pas. Cela devenait un rituel et, malheureusement, un nouveau moyen d'être valorisée puisque, apparemment, je me débrouillais très bien. Malgré moi, j'ai intégré que si je ne suçais pas, je ne valais rien, ou pas grand-chose. Je finissais par croire qu'on ne pouvait m'apprécier que pour ça. Je n'étais réduite qu'à ça. Je n'étais que ça. Sans la moindre idée de ce dont il s'agissait réellement ni de la gravité des faits. À force de grandir au sein d'un environnement sexué, je n'étais pas en mesure de poser des limites aux choses, aux actes, à ce qui était socialement bien ou mal. Ce qui se faisait et ce qui ne se faisait pas. Dans une totale ignorance des règles, du savoir-vivre et de l'aspect correct ou incorrect des choses.

D'ailleurs, lorsque je suis retournée au collège à la rentrée suivante, en quatrième, j'ai continué à faire ce que je réussissais de mieux. Innocemment. D'abord, je me suis mise à draguer les garçons de mon établissement. Sans complexes et sans détours, je leur signalais ouvertement que s'ils avaient envie de quoi que ce soit, j'étais là. À leur disposition. Aucun d'entre eux n'a pris les devants, alors c'est moi qui leur ai proposé de me retrouver aux toilettes pour que je puisse les sucer. J'allais les aborder dans la cour de récréation, j'en choisissais un, je l'attrapais par la main et je l'emmenais aux WC. Et j'enchaînais les fellations, persuadée que c'était ce que je savais faire de mieux. Je me disais aussi, comme l'affirmait Christian, que c'était un bon entraînement pour après, pour le retour de Raël. J'étais déjà dans l'optique de satisfaire le prophète et de me rendre utile pour le mouvement. Toute ma vie était orientée dans ce sens, puisque c'était la seule mission qui m'avait été confiée.

Moi qui avais passé mon enfance à entendre au sujet de tous les mécréants qui nous entouraient « ils ne savent pas ce qu'ils font », désormais, c'était moi qui ne savais pas ce que je faisais. Je n'avais strictement aucune idée de la gravité de mes actes, ni même de leur caractère sexuel à proprement parler. Il y avait en moi quelque chose de très innocent et détaché qui était entièrement déconnecté du réel et de la portée de mes actions. Je savais que ça n'était pas tout à fait « normal », sans pour autant me dire que c'était très sérieux ou grave en soi. Et j'étais encore plus loin d'imaginer les conséquences désastreuses que cela pourrait avoir.

Mais j'ai vite constaté que mes allées et venues aux toilettes de l'école m'avaient offert une nouvelle réputation, bien plus ravageuse. Désormais, j'étais une « pute » et une « salope », mais je me disais qu'au moins, je l'avais décidé. C'était devenu ma façon d'exister. Dans ma tête, je pensais : « Je suis peut-être une pute, mais je suis là », sans bien savoir ce qu'était une pute en réalité. Je ne me reconnaissais d'ailleurs pas vraiment dans ce jargon. J'essuyais des insultes, des moqueries et des bruitages de bouche lorsque je traversais la cour de récréation, mais quand je retournais en week-end auprès des Raëliens et que je leur racontais mes exploits, tout le monde trouvait ça super, et tous rigolaient de bon cœur à l'écoute de mes récits. Les ados de mon âge, comme les adultes. Ce qui m'encourageait à continuer. Cela devenait une sorte de jeu, de challenge. Alors que je n'avais aucune conscience de ce que je faisais. Et personne ne m'expliquait de quoi il s'agissait réellement. Tout ce que je voyais, c'était que je faisais rire et que j'existais. Qu'on m'aimait pour cela. J'avais déjà expérimenté une situation assez similaire lorsque j'avais dix ans.

Un après-midi, je m'étais retrouvée, les yeux bandés, à toucher le corps d'une femme nue et tous les Raëliens autour de nous rigolaient, pleins de bienveillance. C'était le même sentiment de reconnaissance qui m'avait habitée. À l'époque, j'avais aperçu des Raëliens faire des expériences un peu étranges lors d'un jeûne où les fidèles étaient invités à ne pas manger et à ne pas parler pendant toute une journée pour faire travailler leurs autres sens. J'en avais vu certains, les yeux bandés, se sentir les sexes, se palper. Alors, j'avais voulu faire comme eux, en partie, juste me bander les yeux et expérimenter le fait de ne rien voir. J'étais allée me mettre près de la piscine, toute seule, et j'avais attaché un foulard autour de mes yeux. Je m'amusais à distinguer les formes qui se dessinaient dans l'obscurité et à toucher l'herbe et la terre autour de moi. Je promenais mes doigts sur le sol, assise à quatre pattes. Puis une femme s'était approchée et allongée à côté de moi. Elle me parlait gentiment, mais je ne savais pas qui c'était. Les mains toujours en contact avec le sol, je m'étais mise à la toucher ici et là pour l'identifier. Je ne voyais rien, mais soudain, j'ai senti ses seins, son sexe, ses poils, et j'entendais les rires des Raëliens qui assistaient à la scène. Je ne comprenais pas ce que je touchais précisément, je ne l'ai compris que plus tard, mais j'avais vécu ce moment comme un signe de reconnaissance et d'amour. Je me sentais exister. J'avais amusé la galerie et cela me donnait de la fierté. C'était exactement le même sentiment qui me traversait lorsque je faisais part aux Raëliens de mes récits aux toilettes du collège ; ça me donnait de l'importance. Et j'aimais l'image que tous ces rires me renvoyaient. Ces éclats de joie signifiaient que Lydia était drôle. Lydia était une jeune fille exceptionnelle, pleine d'humour, Lydia était rare et irremplaçable. Tout le monde adorait la compagnie de Lydia.

Ce n'est que l'année suivante, lorsque j'ai eu quinze ans et qu'on m'a bien précisé que c'était l'âge de la majorité sexuelle, que tout a pris une autre tournure. Lors des week-ends, je remarquais désormais que les regards avaient changé. Les regards des hommes. De tous les hommes. Que ce soient ceux des guides ou des pères de famille. Au début, j'ai eu droit à des petites remarques amicales, sur un ton anodin. Des phrases telles que : « Ah, Lydia, tu deviens une femme, ça y est, tu te formes ! » Je comprenais que je suscitais un certain désir et que c'était la norme, puisque tous me le notifiaient, mais je ne m'en formalisais pas. Je donnais envie et je sentais se déposer sur mon corps des regards sexués. Je n'étais plus la jolie petite Lydia qui ressemble à une Eloha avec ses longs cheveux bouclés et son regard en amande, j'étais devenue ce corps ferme et tout juste formé. Je comprenais que, pour eux, je n'étais plus une enfant, même si je ne me sentais pas adulte pour autant. Malgré les regards libidineux qui m'entouraient et toutes mes aventures aux toilettes de l'école, je n'avais en réalité aucune idée de ce dont il s'agissait. Et comme je ne savais pas comment il fallait gérer la situation, je laissais faire et je souriais. Mon pire problème, et je ne savais qu'en faire, c'était que j'étais une très jolie jeune femme. Je peux désormais le reconnaître sans aucune prétention, mais avec lucidité. Jeune et jolie, entourée d'obsédés sexuels. Je dégageais quelque chose de plus mature et de plus ouvert que les autres jeunes filles du mouvement. Et surtout, j'étais plus facile à approcher. Toujours conviviale et avenante, parce que c'est ma nature profonde. Je ne connaissais rien d'autre que céder, accepter, faire plaisir aux autres.

Les Raëliens savaient tous que Raël m'appréciait particulièrement et ce statut les excitait davantage. Et je sentais leur appétit pour moi grandir. L'un d'eux pouvait passer près de moi et dire « Oh, tu as une poitrine magnifique » tout en palpant mon sein. Un autre pouvait déclarer « Oh, quel joli petit cul rebondi » tout en pinçant mes fesses. J'entendais, à longueur de journée et partout, « Lydia, t'es belle, t'es sexy, t'es excitante ». Je n'étais qu'un corps suscitant du désir et je n'étais valorisée qu'à travers mes attributs. À table, Christian pouvait me demander si je ne voyais pas d'inconvénient à ce qu'il pose ses mains sur moi. Une main sur la cuisse, puis une dans le dos. Puis une plus bas. Son doigt dans mon vagin. Son sexe dans ma bouche. Et ainsi, petit à petit, je perdais possession de mon corps. Je ne décidais de rien. Il n'y avait plus de limites, je ne m'appartenais plus. J'étais à qui avait envie de toucher mon corps, quand et où il le voulait, et j'étais à Christian pour les affaires plus intimes. Et je ne pouvais pas dire non. J'étais leur proie et ils savaient tous que je me laisserais dévorer. Pour me conquérir, on m'offrait des petits cadeaux, j'avais sans arrêt droit à de multiples attentions. Une bague, une brioche, une fleur. J'étais gâtée et courtisée à longueur de journée par tous les hommes de la communauté. Quant aux siestes avec Christian, elles étaient devenues purement sexuelles. J'étais encore vierge, mais pénétrée de toute part. Et ma vie devenait un inextricable paradoxe. J'aimais être au stage avec des gens que je trouvais gentils et valorisants parce que, malgré tout, ils étaient tendres et ne me voulaient aucun mal. J'aimais la philosophie du mouvement qui, telle une religion, diffusait de l'amour, de la paix, et promouvait la vie en harmonie de tous les êtres humains. J'aimais être en pleine nature au sein d'un environnement qui m'était doux et paisible, bien plus joli que la périphérie stéphanoise. J'aimais être dans ce lieu qui, finalement, était le seul où l'on me considérait. À la fois, je détestais ce que je vivais dans mon corps. Ce décalage cohabitait en moi sans que je puisse rien y faire. J'étais bien et terriblement mal, simultanément, et en continu. C'était devenu mon état normal. La sphère raëlienne me permettait de me sentir en sécurité et aimée, mais c'était aussi un sanctuaire de douleur et de dégoût de moi. Comme si l'un sans l'autre était inenvisageable. Parce qu'à l'époque, je ne pouvais pas penser une seconde que ce qui se passait aux stages était mal, puisque c'était ma norme. C'était mon monde. Le seul que je connaissais. C'était ma communauté, ma société. Et je devais l'accepter et apprendre à vivre dedans, plutôt que de la maudire. Je me sentais envahie, en permanence volée dans mon espace personnel, mais je n'avais aucun moyen de changer ce qui m'incommodait. Ça aurait été comme vouloir se séparer d'un parent lorsqu'on est enfant. Même si on n'aime pas certaines choses révoltantes à son sujet, la question de le quitter n'est même pas une option. Et il faut beaucoup de temps avant de comprendre qu'un parent peut être un poison. Notre pire poison. Il faut énormément de souffrance avant de pouvoir identifier l'origine du mal et comprendre ce qui est toxique, et surtout, beaucoup de temps pour réussir à s'en extraire, essentiellement parce qu'on est persuadé que c'est de l'amour. C'est exactement là où j'en étais avec les Raëliens. Dans un rapport culpabilisant et de filiation à la fois. Une sorte de famille dans laquelle tout est dysfonctionnel, mais qui reste une famille qu'on ne remet pas en question. À ce moment de ma vie, je n'étais pas en mesure de faire une telle analyse, je ne pouvais que penser que c'était moi qui avais un problème. Puisque visiblement, j'étais la seule à mal vivre la situation. J'ai même pensé que ça devait être ça, l'adolescence, tout bêtement. Et que les choses finiraient par s'arranger, et mon ciel par s'éclaircir.

Hélas, c'est tout l'inverse qui s'est produit. Il y avait un stage l'année suivante, près de chez moi à Saint-Étienne. Fabrice était un guide qui exerçait dans la région Rhône-Alpes depuis quelques années. Je le connaissais depuis toujours, mais j'avais été amenée à le voir plus régulièrement ces derniers temps, jusqu'à lier une véritable relation de confiance avec lui. Un grand *Black* de 35 ans, qui vendait des posters dans la rue la semaine et était guide raëlien les week-ends. Il inspirait le respect, il avait l'air droit dans ses bottes. C'était un ami, un cousin, un frère. On s'entendait bien. Pendant les stages dans ma région, je passais beaucoup de temps avec lui et cela arrivait souvent qu'à la fin d'une journée, le soir, on reste entre Raëliens festifs à boire un thé et à rigoler. Les Raëliens boivent très peu d'alcool et ne fument pas. Certains vont savoir apprécier un verre de bon vin occasionnellement, mais jamais d'ivresse. Le mouvement invite à ne jamais prendre de produits nocifs pour le corps. Et tous les excès de substances sont interdits.

Ce soir-là, après ce petit moment joyeux de partage avec les autres en toute sobriété, alors que tout le monde s'apprêtait à se coucher, Fabrice m'a proposé de finir notre discussion dans sa chambre d'hôtel plutôt que de rester dehors. Je l'ai suivi, confiante. Comme j'aurais suivi un cousin, un frère, un parent. Aveuglée de naïveté. Nous nous sommes ainsi retrouvés que tous les deux, à l'hôtel. Et malgré la situation qui criait « Danger » de toute part, je n'en ai vu aucun arriver. On s'est assis sur le lit et on a continué à rigoler de la soirée et des histoires qu'on se racontait. J'étais bien, tranquille, je pensais être avec un ami de longue date. Un ami de toujours. Fabrice, lui, n'avait jamais eu d'écart de conduite à mon égard. Alors je ne me suis pas méfiée, je n'ai même pas imaginé une seconde qu'il me faudrait me méfier. Même si la plupart des hommes me témoignaient constamment leur désir, dans ma tête, avec Fabrice, ça n'était pas possible. La relation était tout autre.

Alors que nous rigolions ensemble sur son lit, soudain, Fabrice m'a embrassée. Moi, je n'ai pas bougé. Je n'ai pas compris. Je voulais dire « Stop » et m'enfuir, mais je ne pouvais pas. Sans me laisser le temps de réagir, Fabrice s'est mis à me caresser. Et pour la première fois de ma vie, mon esprit s'est dissocié de mon corps. C'était une expérience très troublante. Je n'étais plus là physiquement, je ne pouvais plus réagir, j'étais à côté de moi. Fabrice a rapidement enlevé ma culotte, il s'est couché sur moi et m'a pénétrée. Sans que je puisse rien faire. J'étais sidérée. En état de choc. Comme trahie et dépossédée une nouvelle fois, mais totalement impuissante. Ça me faisait mal, mais je ne disais rien. Je ne pouvais pas parler. Rien ne sortait, j'étais spectatrice. Mon ami était devenu mon prédateur. J'étais coupée de mon corps, immobile, vulnérable, perdue. J'avais mal, au cœur, au corps, j'avais envie d'aller faire pipi. Mais je ne bougeais pas. J'en étais incapable. Comme paralysée par la situation. Je voulais que ça s'arrête. Puis, après de nombreux va-et-vient, brusquement, Fabrice s'est stoppé net. Il a fait un bruit bizarre. J'ai senti son corps en tension et, comme subitement soulagé, il s'est allongé à côté de moi. Et il a soufflé, l'air serein. J'ai couru aux toilettes pour faire pipi tellement j'avais mal et tellement je ne pouvais plus retenir mon urine. Ça me brûlait. Quand je suis revenue dans la chambre, Fabrice dormait, à grands coups de respiration profonde et apaisée. Je me suis installée à côté de lui, ne sachant que faire ni où aller. Et soudain a surgi le besoin irrépressible de me laver. C'est la première fois que j'ai associé cette nécessité de propreté après un rapport sexuel. Et sur le coup, je pensais que c'était moi qui avais fait une connerie. Ça n'était pas un viol, c'était encore moi, ce corps, et mon attitude qui provoquaient le pire. Allongée, en vrac, l'âme dilapidée, j'ai compris que je venais de franchir un cap dans ma descente aux enfers ; cette fois, j'ai pensé : « Ma vie ne sera plus jamais la même. »

J'ai aussitôt compris que je n'allais pas pouvoir en parler. Avec qui ? Comment ? Pour dire quoi ? Me plaindre de quoi précisément ? Reprocher quoi ? Accuser qui ? Alors, c'était mon secret. Parce qu'avant tout, j'avais peur des conséquences. Je ne voulais pas qu'on cesse de m'aimer et être exclue du groupe. Je ne voulais pas faire d'histoires. J'avais besoin de rester rattachée à quelque chose tant le reste du monde me semblait plus hostile, bien plus que toutes mes déconvenues avec les Raëliens. Si je perdais cela, je perdais tout. Mon quotidien au collège devait rester celui du collège uniquement. Je n'étais pas en mesure de le supporter ailleurs et de le généraliser. Ma solitude, je ne pouvais pas la répandre davantage. J'étais déjà tellement isolée, partout, depuis si longtemps. Alors, perdre ce microcosme dans lequel, malgré tout, j'étais aimée, c'était peut-être mourir. Et bizarrement, l'idée d'être enfin une femme me plaisait. En tout cas, cette pensée m'aidait à accuser le coup. Et c'était la seule qui me permettait d'encaisser la situation. Alors je m'y suis accrochée de toutes mes forces. J'ai pensé : « Je l'ai fait, je suis une femme maintenant, je suis vraiment dans le mouvement ! Je vais être enfin utile ! »

En parallèle, et de façon moins facile à décoder, il y avait autre chose. Je ne me le formulais pas de manière explicite, pourtant, c'était très clair. Avant tout, ce qui me maintenait obéissante, docile, silencieuse, ce qui m'empêchait de me révolter, ce qui me poussait à me taire et accepter tout et n'importe quoi, c'est qu'à l'époque, je ne voulais pas perdre, et encore moins décevoir, celle que j'appelais « Maman ».

6

À LA CROISÉE DES CHEMINS

Ça a tambouriné violemment à la porte. J'ai entendu « Police ! Police ! ». Un peu comme dans les films. J'ai ouvert les yeux, une femme en uniforme déboulait dans ma chambre pour me sortir du lit. Il était 6 h du matin et des policiers m'embarquaient. Ils m'ont dit qu'ils avaient quelques questions à me poser, mais ne m'ont donné aucune explication. Avant de sortir de la maison, j'ai aperçu mes parents dans le salon. Ma génitrice était en robe de chambre, sonnée. Mon père s'est approché de moi dès qu'il m'a vue. Il m'a regardée dans les yeux, et de façon assez autoritaire, il m'a intimé : « Lydia, tu ne leur dis que la vérité. »

Une demi-heure plus tard, j'étais au commissariat de Saint-Étienne. Une avocate m'a rapidement expliqué ce qui allait se passer. À vrai dire, j'étais tellement sous le choc que je n'ai aucun souvenir de la teneur exacte de notre échange. Après qu'elle a terminé les explications, un agent nous a rejointes et m'a emmenée à la police judiciaire de Lyon. Je suis arrivée dans les locaux accompagnée de deux policiers qui m'ont escortée jusque dans une petite salle. Une pièce sombre et glauque, seule une table d'examen trônait au centre, des étriers de chaque côté.

Un médecin d'une cinquantaine d'années est entré. Il m'a demandé de me déshabiller et de m'installer sur la table. Je me suis exécutée. J'ai posé les pieds sur les étriers gelés, c'était la première fois que je me retrouvais dans une telle position, je n'étais encore jamais allée chez un gynécologue. J'ai détesté ce moment, parce que je ne comprenais pas ce qu'il m'arrivait et parce que j'avais peur. J'étais seule avec un vieux monsieur que je ne connaissais pas, à poil, les jambes écartées, dans un endroit froid et lugubre. J'ai à peine eu le temps de m'accommoder de la situation que le médecin enfonçait déjà, d'un geste brutal, un spéculum en fer glacial dans mon vagin. J'ai hurlé. Ça m'a fait si mal, comme si on m'arrachait le ventre de l'intérieur.

Froidement, l'œil rivé dans mon utérus, le médecin m'a demandé si j'avais déjà eu des rapports.

Avec l'étrange sensation d'être fautive, j'ai répondu timidement : « Oui, j'ai couché avec quelqu'un cet été. » Le médecin m'a expliqué que mon hymen n'était pas totalement déchiré. Suffisamment pour prouver le rapport sexuel, mais visiblement pas assez pour m'éviter une douleur atroce et d'intenses saignements. Le vieux docteur a retiré le spéculum d'un coup vif et m'a demandé de me rhabiller. Je me suis sentie terriblement mal, comme violée une seconde fois. À une différence près : il n'y avait même pas un peu de douceur ou de délicatesse. J'étais entre les mains des autorités, entourée de personnes qui étaient censées me protéger – policiers, médecins, avocats –, pourtant, je ne ressentais que de la violence. Du moins, c'est ainsi que je l'ai vécu. Je garde de cette expérience un souvenir de terreur. Cela a été, sans aucun doute, un des deux moments les plus durs de ma vie. Parce qu'il était violent et injuste. L'autre moment le plus affreux de mon existence, je le raconterai plus tard.

Dans le couloir, une femme m'attendait pour m'escorter dans une autre salle afin que je puisse être entendue. C'est ainsi qu'elle m'a présenté les choses. Et j'ai été entendue : du matin au soir, seule face à des policiers qui se relayaient, on m'a posé des questions. Sans pause et sans arrêt. J'ai parlé, parlé, parlé. J'ai dit tout ce que je pouvais sans rien cacher. J'essayais d'être précise, coopérative, transparente. En fait, je ne comprenais pas ce que les policiers voulaient savoir et après qui ils en avaient. À vrai dire, je ne comprenais rien. Je me contentais de répondre à leurs questions sans en poser. Je me sentais perdue, à la ramasse et très stressée. J'étais dans un environnement inconnu et très impressionnant, alors je tâchais de faire au mieux pour partir au plus vite.

J'ai rapidement compris que le téléphone de chez moi avait été sur écoute pendant des mois. Les forces de l'ordre avaient des informations bien précises qu'ils n'auraient jamais pu connaître sans m'avoir écoutée à mon insu. Ils me l'ont d'ailleurs confirmé un peu plus tard, lorsqu'ils ont eu la preuve que tout corroborait. C'est ainsi qu'ils savaient que j'invitais les copains du collège aux toilettes, puisqu'il m'arrivait de leur téléphoner le soir pour leur proposer mes services pour le lendemain. La police savait tout de ma vie et de mes échanges, et, sur l'ordinateur, qualifiait mes activités de « vie sexuelle intense ». Ils savaient tout aussi de la vie de mes parents. Ils savaient tout parce qu'Alma, ma cousine, avait raconté toutes mes confidences de *pyjama parties* à sa mère, ma tatie, qui était allée dénoncer sa sœur, ma génitrice, à la police. Il a fallu le temps d'une enquête préliminaire pour que la police finisse par débouler chez moi aux aurores, un matin de novembre 1997. Ce n'était pas après moi qu'ils en avaient, pourtant, j'ai eu l'impression d'être sur le banc des accusés.

Je me suis justifiée, tant bien que mal, sur mon mode de vie, sur celui de mes parents, sans comprendre ce que l'on me reprochait spécifiquement. Je me sentais perdue, seule, pointée du doigt par des gens en uniforme et, contrairement à ce que l'on peut voir dans les films policiers, c'était très désagréable. Et même si j'ignorais où tout cela allait me mener, je me souviens que j'avais très peur. Les locaux me terrorisaient, les policiers à qui j'avais affaire me mettaient très mal à l'aise et ma vie, que je déballais soudain à des inconnus, m'était comme volée. Je me sentais une nouvelle fois dépossédée de tout, malmenée, bancale, transparente. Insignifiante.

À la fin de la première journée d'audition, j'étais vidée, persuadée d'avoir dit tout ce que je savais, et alors que je pensais pouvoir enfin rentrer chez moi, les policiers m'ont accompagnée au domicile de ma tatie pour que j'y passe la nuit, sans vouloir me dire où étaient mes parents ni mon petit-frère.

Une fois chez elle, ma tatie m'a expliqué pourquoi elle était allée dénoncer la situation à la police, accompagnée de plusieurs de mes oncles. Elle m'a dit : « C'est pour ton bien, Lydia, on n'avait pas le choix. Il fallait faire ce signalement, c'est vraiment pour ton bien. » À aucun moment, je n'en avais douté, même si la tournure des événements était difficile à accueillir. Je me sentais terriblement mal, je m'en voulais d'avoir parlé à ma cousine, je sentais que j'avais fait une énorme bêtise et que tout allait me retomber dessus. Je ne maîtrisais plus du tout la situation et mes confidences impliquaient désormais beaucoup trop de monde pour que je puisse me sentir protégée. Et c'était moi qui étais au cœur de cette catastrophe.

Au petit matin, à nouveau, des policiers ont débarqué pour me ramener au commissariat et entamer une nouvelle journée de questions. Je ne comprenais pas bien ce qu'il m'arrivait, j'étais épuisée et démunie. Je me souviens que lorsque les policiers sont venus me chercher pour cette deuxième journée d'audition, j'étais dans un état pitoyable. Lorsque ça a sonné à la porte, mon cousin Yacine s'est approché de moi. Il m'a prise dans ses bras et a glissé dans mon oreille : « Attends, ma puce, on va d'abord leur demander leurs cartes de police pour voir si ce sont des vraies ! » Et nous avons éclaté de rire. Puis il m'a souri pour me saluer. Je n'oublierai jamais cette façon amusante qu'il a eue de me soutenir. Ce clin d'œil plein d'humour dans une situation aussi pourrie que celle que je traversais, c'était le plus beau cadeau qu'on pouvait me faire.

J'ai rejoint le commissariat et le même scénario que celui de la veille s'est déroulé, pendant trois jours. Des questions, des questions, encore des questions.

Ça ne s'arrêtait plus. Je ne savais plus quoi leur répondre ni comment formuler les choses, j'avais l'impression de devenir folle. Je n'avais toujours aucune nouvelle de mes parents, je les avais simplement aperçus au loin dans un couloir du commissariat sans pouvoir leur parler. Je m'appliquais à satisfaire les policiers et à répondre à tout ce qu'ils voulaient pour que l'interrogatoire s'arrête. Sans rien oublier et surtout sans leur faire comprendre que j'en avais assez. Je me contentais de montrer patte blanche.

À l'issue de ces longues journées d'audition, les policiers m'ont expliqué que mes parents étaient en garde à vue, que mon petit frère, lui, avait été confié à Josiane, la collègue raëlienne de ma génitrice, et que je n'allais pas pouvoir rentrer chez moi pour le moment. Ils allaient m'accompagner dans un endroit spécialisé afin que je puisse être sous protection et me « reposer ». L'endroit en question était un foyer d'urgence dans un des pires quartiers de Saint-Étienne. Et ça n'a été d'aucun repos. J'y ai rejoint un groupe de jeunes délinquantes et d'adolescentes dérangées, violentes, bien plus perturbées et dangereuses que moi. Et dès le lendemain, je suis retournée au collège accompagnée d'éducateurs. Ils me déposaient le matin devant ma classe et venaient me récupérer au même endroit en fin de journée. Mon petit frère était scolarisé juste en face de mon collège, les éducateurs veillaient ainsi à ce que je ne le croise pas. Je n'avais le droit d'entrer en contact avec aucun membre de ma famille.

Quant à mes camarades de classe, ils semblaient se délecter de cette nouvelle situation qui pimentait la vie du collège et donnait de la consistance à tous leurs ragots. Notamment lorsque les policiers avaient de nouvelles questions à me poser et qu'ils venaient le faire au *self* de l'établissement. Un vrai moment de télé !

Au bout de quinze jours à vivre ce calvaire, j'ai pu revoir mes parents, mais toujours accompagnée d'un éducateur, puisque désormais, ils n'avaient pas le droit de me voir sans surveillance. Nous nous retrouvions une petite heure dans une salle spécifique au sein du foyer. Une pièce réservée aux familles. Lors de ces rencontres, ma génitrice ne me parlait quasiment pas ; mon père, lui, essayait de maintenir un échange naturel, comme si tout était normal. Ou allait finir par le devenir.

Et j'ai vécu ainsi pendant trois mois. Au sein d'un foyer autogéré par ses pensionnaires, comme une jungle. Je devais y faire profil bas. Je recevais de temps en temps, sous surveillance, des visites de mes parents avec qui le dialogue était devenu presque impossible. Pendant la journée, je continuais ma troisième, que je venais de redoubler. Et dans ce nouveau rythme de vie, dans cette spirale infernale, j'avais décidé de cesser toutes mes activités aux toilettes. Mais bizarrement, cet arrêt était devenu l'objet de nouvelles représailles et agressions verbales : « Ben, Lydia, tu suces plus ? », me balançait-on.

J'ai compris que maintenant, quoi que je fasse, quoi que je dise, j'allais être chahutée. Mon passif était trop lourd pour en rectifier le tir. Tout était bien trop compliqué pour que les choses puissent changer, s'améliorer. Ma vie était devenue un tel enfer que, pour le signaler, je n'ai trouvé qu'un couteau. J'ai pensé que cet objet était l'ultime recours pour demander de l'aide et être secourue. Alors un soir, au foyer, je me suis taillé les veines. D'un coup vif. Mais j'ai su m'arrêter juste à temps dans l'entaille pour qu'elle ne soit pas trop profonde et que ça ne reste qu'un appel au secours. Parce que malgré ce que j'endurais, je ne voulais pas mourir. Moi, je voulais vivre !

Cet appel au secours a été vain : dès le lendemain, je suis retournée au collège avec les éducateurs, un bandage autour du poignet que je camouflais en tirant les manches de mon pull, et rien n'a changé dans ma routine.

Ce n'est que lors d'une énième visite de mes parents, encadrée par des éducateurs, que mon père m'a proposé une issue de secours. Une porte de sortie à laquelle je ne m'attendais plus. « Tu sais Lydia, tu peux demander à la juge de te laisser revenir à la maison, tu peux lui dire que nous avons définitivement coupé les ponts avec le mouvement. Écris-lui pour le lui dire et tu pourras revenir à la maison. » Ma génitrice, qui habituellement ne me parlait pas, a acquiescé. Elle a promis d'avoir coupé tout contact avec les Raëliens et disait ne plus vouloir y remettre les pieds. Et moi, je l'ai crue. Pleine d'espoir.

Dès que mes parents sont repartis, j'ai écrit à la juge. Dans ma lettre, je la suppliais de me laisser retourner chez moi. J'ai écrit avec tout mon cœur, avec tout mon désespoir. J'ai écrit toute ma vérité. J'ai dit que mes parents et mon petit frère me manquaient et que je me sentais mal au foyer. J'ai raconté qu'une autre pensionnaire m'avait frappée. J'ai détaillé ma pseudo-tentative de suicide. Et j'espérais que mes arguments seraient suffisamment convaincants parce qu'il fallait à tout prix que je quitte cet établissement. Cela devenait une question de vie ou de mort. Je sentais que je pourrais finir par sérieusement mal tourner.

Une quinzaine de jours plus tard, alors que je rentrais du collège, une des femmes en charge du foyer m'a demandé de rassembler mes quelques affaires. Mes parents avaient obtenu un non-lieu : je pouvais rentrer chez moi. J'ai pensé que cette fois, j'étais sauvée. Et j'espérais que tout redeviendrait comme avant, et mieux qu'avant si possible. Mais dès mon retour à la maison, la communication a été très compliquée avec mes parents. Je les voyais faire des efforts de leur mieux pour qu'on puisse avancer tous ensemble et laisser ce triste épisode derrière nous. Je me souviens qu'ils mettaient vraiment du leur pour ne pas me contrarier, être présents, calmes. D'ailleurs, plus aucun Raëlien ne venait chez nous, ma génitrice semblait avoir pris ses distances pour de bon. Nous n'allions plus nulle part pendant les week-ends. Malgré tout, après ce que j'avais vécu lors de mes auditions et au sein du foyer, j'avais du mal à me positionner. Je ne savais plus comment me comporter, j'étais quelque peu traumatisée par les semaines que je venais de subir. Alors, je passais beaucoup de temps à jouer avec mon petit frère, comme pour récupérer un peu de son innocence. Je voulais fuir tout ce qui me faisait du mal et petit à petit, j'ai cessé d'aller au collège, c'était devenu trop violent. À la place, sans grande conviction, j'ai décidé d'entamer une première année de BEP vente/action marchande, dans l'espoir de tourner définitivement la page de mes premières seize années de vie.

J'essayais de tenir mon cap quand, peu de temps après, la justice m'a à nouveau convoquée. Cette fois, des associations de protection des enfants maltraités ainsi que le procureur souhaitaient que l'enquête se poursuive. Je me suis rendue à ma première convocation avec beaucoup d'appréhension étant donné le souvenir douloureux que je gardais de ma dernière expérience dans les commissariats. Comme des séquelles qui refaisaient surface. Mais ce que je ne savais pas, c'est que j'allais être confrontée à des Raëliens.

Une fois au tribunal, devant la juge et face aux Raëliens, j'étais apeurée, désemparée, totalement déroutée par ce que j'avais déjà vécu, et surtout, j'étais habitée par un fort sentiment de culpabilité vis-à-vis du mouvement. Je regardais les membres de mon ancien groupe d'un air profondément désolé et impuissant. Et j'avais honte de les avoir embarqués dans une telle situation. Je m'en voulais. À aucun moment je n'avais souhaité dénoncer qui que ce soit, tout s'était mis en branle à mon insu. Tout cela me dépassait et m'avait rendu la vie plus compliquée qu'elle ne l'était déjà. Lors de mes nombreuses discussions avec mon éducatrice, j'avais pris conscience de la gravité de la situation et des éventuelles conséquences de mes déclarations. Personne ne cherchait à me faire penser d'une manière ou d'une autre, mais on m'avait clairement expliqué que des Raëliens pourraient aller en prison. À cause de moi. Et ça, moi, je ne le voulais pas. C'était hors de question. Ça me terrorisait. Je ne pouvais pas envoyer des gens derrière les barreaux. Des gens de ma famille, en plus. C'était tout le contraire que je désirais, puisqu'au plus profond de moi, je ne voulais qu'une chose : qu'on me pardonne. Et c'est dans cet état d'esprit que, face aux Raëliens et à la juge, les premiers mots qui sont sortis de ma bouche ont été : « J'ai menti, il ne s'est jamais rien passé. » Pour être crédible, j'ai précisé que pendant les auditions, j'avais dit à la police ce qu'elle voulait entendre. Et j'ai ajouté que j'étais une menteuse et qu'il ne fallait pas me faire confiance. Je suis ainsi revenue sur toutes mes déclarations sans plus jamais changer de version. J'ai démenti chacun de mes propos. Tous, un par un. Et je suis repartie du tribunal persuadée que mes nouvelles déclarations résoudraient définitivement le problème et arrangeraient les choses, pour moi, pour le mouvement, et surtout, pour ma génitrice.

Mais l'année suivante, je venais de redoubler ma première année de BEP et m'apprêtais à quitter la formation pour de bon, lorsque j'ai été convoquée au procès d'une dizaine de Raëliens. Cette fois, je devais venir témoigner à la barre. J'ai cru que cette histoire ne s'arrêterait jamais et qu'à vie, j'allais payer pour mes confidences à ma cousine.

Je suis arrivée à la cour de justice de Lyon dans un état difficile à décrire. J'avais peur de l'accueil qu'on allait me réserver et à la fois, j'avais très envie de revoir les Raëliens avec qui je n'avais plus aucun contact depuis presque deux ans. Et aussi étrange que cela puisse paraître, ils me manquaient. Lorsque j'ai rejoint le Palais, quatre autres filles du mouvement étaient déjà présentes, devant la porte, à attendre l'ouverture du procès. On se retrouvait toutes là pour la même raison : corruption de mineures. Elles aussi avaient été auditionnées les mois suivant mes premières déclarations. Et elles aussi avaient raconté ce que nous vivions en tant que jeunes femmes, les rapports sexuels et les attouchements. Mais elles, elles avaient déclaré qu'elles étaient consentantes.

Dès que les filles m'ont aperçue au coin de la rue du tribunal, leur réflexe a été de courir vers moi et de me prendre dans leurs bras. Elles m'ont serrée très fort et m'ont dit qu'elles m'aimaient. Toutes. Je ne m'attendais pas à cet accueil et ça m'a fait un bien fou d'entendre et de ressentir tout leur amour. Parce qu'il était sincère et inconditionnel, et que je n'en avais pas reçu depuis très longtemps. Et c'était sans doute le moment de ma vie où j'en avais le plus besoin. Quant aux accusés, une dizaine de guides raëliens français qui attendaient près de l'entrée que le procès commence, dès qu'ils m'ont vue, eux aussi sont venus me prendre dans leurs bras et me dire qu'ils m'aimaient. Tous m'ont recouverte d'amour et de paroles réconfortantes. « Lydia chérie, on ne t'en veut pas, ne t'inquiète pas, on t'aime si fort, tout va s'arranger, on t'aime, on t'aime, pour toujours. »

C'est ainsi que, de façon naturelle et galvanisée, nous étions tous à nouveau réunis devant le Palais de Justice. Accusés et victimes, tous soudés. Nous sommes entrés dans la salle d'audience ensemble, unis, regroupés, en nous tenant par la main. Et une fois à la barre, les quatre jeunes Raëliennes interrogées et moi-même avons juré que nous étions *consentantes*. Mineures, mais consentantes. Et c'était bien tout le paradoxe et l'invraisemblable de cette situation.

À l'issue du procès, plusieurs des Raëliens accusés ont écopé de peines. De la prison avec sursis, des amendes, des pertes d'emploi et même l'interdiction d'exercer dans la fonction publique pour certains. Le verdict était violent et nous a tous assommés. Nous nous sommes regroupés devant le Palais pour accuser le coup, nous nous sommes enlacés, embrassés et soutenus. Tous.

Je suis repartie de mon côté, à Saint-Étienne, avec la sensation d'avoir un peu réparé ma bêtise, tout en devant rester à l'écart du mouvement que j'avais abîmé malgré moi. Mais j'ai pensé que j'allais peut-être pouvoir me délester d'une certaine culpabilité. Cependant, même si j'avais reçu l'amour inconditionnel de tous les Raëliens, j'avais définitivement perdu celui de ma génitrice. Elle m'en voulait énormément. J'avais détruit sa vie et bousillé le « cœur » du mouvement. Et rapidement, notre quotidien sous le même toit est devenu invivable. Ce procès, pour elle, avait été une déclaration de guerre. Entre nous deux, il n'y avait plus aucun dialogue, plus de communication. On ne se supportait plus, je ne pouvais lire que de la colère et de la déception dans son regard. De la haine, même. Elle me détestait. J'avais gâché sa vie.

Pourtant, en cachette, ma génitrice avait rétabli le lien avec le mouvement. Je l'ai compris un jour où je suis tombée par hasard sur un message laissé sur le répondeur du téléphone fixe de la maison. Une amie à elle, une Raëlienne, expliquait avoir oublié des affaires lors du week-end précédent, alors que ma génitrice nous avait dit qu'elle devait s'absenter à Paris pour une formation professionnelle. Cette trahison, avec le poids de la culpabilité que ma génitrice me faisait porter, m'a poussée à quitter le domicile.

Je venais de commencer une formation d'hôtellerie et restauration, et là-bas, grâce à un casier vide et un profil assez neutre, j'avais réussi à me lier d'amitié avec une autre apprentie, Tatiana. Elle louait un appartement à Villeurbanne et m'a rapidement proposé qu'on s'y installe en colocation. J'ai donc saisi l'opportunité au vol et emménagé chez elle. Et je me suis lancée dans une nouvelle vie. Une tentative d'indépendance, du moins.

En parallèle de ma formation, je combinais des petits boulots de serveuse à droite à gauche et parvenais ainsi à gagner une certaine autonomie. Ce n'était pas la vie de mes rêves, mais c'était confortable. Mon quotidien était plutôt monotone, je m'ennuyais beaucoup et le métier de serveuse n'avait rien de très valorisant, mais je tâchais de m'en accommoder. De son côté, Tatiana avait des vues sur moi et changeait petit à petit notre relation. Cela m'incommodait, son désir me gênait, mais je parvenais à ne pas trop subir cette nouvelle situation. Je m'efforçais de maintenir Tatiana à distance, à sa place, sans la vexer. Mais je sentais qu'il allait falloir que je trouve prochainement une autre solution que de rester vivre chez elle.

Bref, ma vie était sans grand intérêt. Je n'avais foi en rien et je ne parvenais pas à trouver un réel moyen de vibrer ni de me sentir vivante. Mon salaire était assez minable aussi, mais je me disais que c'était le lot de tout le monde. Je faisais semblant tout le temps, partout, et cela ne me changeait pas beaucoup de mes habitudes. En revanche, ce qui me perturbait constamment, c'était que j'avais gardé au plus profond de moi la lourde responsabilité d'avoir fait une bêtise. J'avais l'impression d'avoir été mise à l'écart du seul groupe de personnes que j'aimais et je me retrouvais seule, habitée par des croyances raëliennes pour lesquelles j'avais encore la foi. En fait, j'avais tout perdu. Le mouvement était un socle auquel je n'avais plus accès, je me sentais vulnérable pour affronter le monde que je trouvais de plus en plus incompatible avec ma nature. Tout me semblait d'un ennui mortel et je sentais que je devenais comme ça aussi, ennuyeuse.

Mais quelques semaines avant mon dix-huitième anniversaire, j'ai reçu une lettre du Canada. Un courrier auquel je ne m'attendais pas et qui est tombé dans ma boîte aux lettres comme une bombe.

« Bonjour Lydia,

J'espère que tu vas bien. Tu seras la bienvenue dans le mouvement dès que tu auras 18 ans. À très vite.

Love,

Raël »

Ces quelques mots ont eu sur moi l'effet d'un détonateur. À la seconde où je les ai lus, simultanément, j'ai été remplie de soulagement. Aussitôt, de façon automatique, j'ai été heureuse de savoir que Raël ne m'en voulait pas. Il réapparaissait dans ma vie alors que je ne m'y attendais pas. Jamais je n'aurais pensé que Raël reviendrait vers moi pour me redonner une chance. J'ai soudain senti un poids sortir de moi, celui d'une culpabilité qui m'écrasait depuis des années et dont je n'avais même plus conscience de l'ampleur. Je n'aurais jamais pu envisager qu'une lettre de la part de Raël me ferait un tel effet, mais c'était une délivrance. Malgré ce que j'avais fait et le tort que j'avais causé à tous mes amis raëliens, on m'aimait encore. On me pardonnait. On m'invitait à nouveau. Et je prenais conscience que Raël, quoi qu'il ait pu faire, quoi qu'il ait pu dire, était finalement le seul être au monde à me donner l'impression que j'étais quelqu'un. C'est difficile à comprendre et à expliquer, mais personne d'autre que lui ne parvenait à me donner de l'importance.

En fait, depuis ce matin de novembre 1997 où les flics avaient déboulé chez moi et que s'étaient ensuivis un passage au commissariat et un séjour au foyer, ma vie était devenue pire que misérable. Je vivais depuis des années comme une paria, en n'espérant qu'une seule chose : le pardon. Et cette lettre de Raël me l'octroyait enfin.

Alors, sans avoir besoin de trop réfléchir, peu de temps après, j'ai décidé de prendre un train et de rejoindre Paris, pleine d'enthousiasme. Un stage raëlien y avait lieu. Je m'accrochais à cette nouvelle perspective de vie de tout mon être. Je me suis rendue au rassemblement avec beaucoup d'appréhension. Mais aussi beaucoup d'espoir. C'était peut-être enfin le moment des réconciliations et d'une vie nouvelle. Là-bas, j'avais les codes. Je savais quelle était ma place, ce qu'on attendait de moi. C'était facile. J'étais même une experte du mouvement, j'en faisais partie depuis si longtemps, depuis toujours. Tout le monde me connaissait. C'était comme retrouver sa famille après une dispute qui aurait un peu dégénéré. Et plus qu'un conflit, ce que j'en gardais, c'était le lien. Un lien plus fort que tout. Un cocon qui n'existait nulle part ailleurs et dans lequel j'avais droit à une place sans avoir à me battre, sans qu'il y ait d'enjeux.

Lorsque je suis entrée dans la grande salle où se tenait le stage, je n'étais pas en pleine possession de mes moyens. Certains Raëliens me regardaient avec amour. D'autres avec suspicion. Pour plusieurs d'entre eux, malgré l'amour et la paix qui devaient guider toutes nos actions, j'étais la brebis galeuse. Alors je me suis faite discrète et j'ai tâché de m'intégrer en douceur, comme pour me racheter. Je ne voulais brusquer ni contrarier personne. J'allais devoir tous les réapprivoiser, chacun à tour de rôle, les uns après les autres. Et j'étais prête à y mettre tout mon cœur.

Le soir, lors de la cérémonie principale, un des guides a pris la parole. Avant d'entamer son discours, il m'a regardée et il s'est adressé à l'assemblée : « S'il vous plaît, j'aimerais qu'on souhaite la bienvenue à Lydia ! » Et là, instantanément, toute la salle s'est mise à m'applaudir. Cela a duré des minutes et des minutes. Plus de 150 Raëliens m'ovationnaient et rien ne semblait pouvoir les arrêter. J'entendais toutes ces mains applaudir sans arrêt, c'était d'une puissance indescriptible. Ça a été une telle vague d'amour après cette longue et douloureuse traversée du désert que, comme une droguée en manque de substances et proche de l'agonie, j'ai plongé.

Quelques jours plus tard, en pleine résurrection, je passais la porte d'un tatoueur. Et dans le bas du dos, je me suis fait dessiner à l'encre noire indélébile une étoile de David avec une croix gammée incrustée dedans. Des fleurs autour.

7

MON PACTE AVEC LE DIABLE

Désormais, c'était moi qui m'occupais d'organiser mes venues aux stages. Mon transport, mon hébergement. J'étais maintenant majeure et je n'y allais plus accompagnée de ma génitrice, j'y allais seule. De mon plein gré. Majeure et vaccinée. Et je me rendais aux rassemblements, à mes frais. C'était un budget pour mon petit salaire de serveuse, mais cela n'avait aucune importance. Je regardais le planning des stages qui se déroulaient en France ou dans ma région, et j'y allais. Je n'avais pas encore eu la possibilité de revoir Raël, toutefois, au fond de moi, c'était lui que je voulais voir plus que tout. C'était lui qui allait légitimer mon retour. Alors, dès que j'ai appris qu'un stage se déroulait en Suisse et que Raël y serait présent, j'ai pris mes billets.

Le 13 décembre 2002, j'avais 20 ans, Raël 56, et le mouvement célébrait ses 30 ans, à Crans-Montana. Un magnifique domaine skiable situé en Suisse. Très chic, très huppé. Le mouvement savait toujours choisir des lieux de rassemblement plus beaux les uns que les autres et avait élu domicile dans un hôtel cinq étoiles, un établissement incroyable.

Raël ne savait pas que je venais, je m'étais organisée sans prévenir personne. Lorsque je suis arrivée dans la salle de séminaire où se tenait le discours de Raël, j'ai été impressionnée par la taille de l'assemblée. Désormais, le prophète prenait la parole devant des audiences de plus de 800 personnes. Je suis restée au fond de la salle à l'écouter et à prendre l'énergie du groupe, parce que dans ce genre de moment, il se dégage toujours une force collective assez impressionnante. J'observais Raël et cherchais son regard, j'attendais qu'il me voie, impatiente de lui faire la surprise. Au bout d'un moment, Raël m'a aperçue. Étonné d'abord, content ensuite. Je l'ai compris dans ses yeux. À la seconde où nos regards se sont croisés, alors que nous ne nous étions pas vus depuis six ans, la connexion entre nous s'est installée. Immédiatement. Comme si on s'était quittés la veille. Il m'a fixée et m'a pointée du doigt depuis la scène, tout en poursuivant son discours, naturellement. Je souriais, la gorge sèche et le cœur qui tambourinait. Et dans ma tête, j'ai pensé : « C'est bon, j'ai gagné. »

À la fin de sa prise de parole, je suis restée au fond de la salle alors qu'elle se vidait. Raël discutait en bas de la scène avec d'autres guides et j'attendais sans bouger qu'il me regarde. Dès qu'il a plongé ses yeux dans les miens, j'ai tourné les talons. Je suis retournée dans ma chambre et j'ai attendu qu'on vienne me chercher. Je savais que quelqu'un allait se pointer pour me dire de rejoindre Raël. Je connaissais par cœur le fonctionnement. Et ça n'a pas loupé. Quelques minutes plus tard, une Ange frappait à ma porte. Elle a murmuré : « Lydia, chérie, est-ce que t'es prête ? » J'ai répondu : « Je me prépare, j'arrive dans cinq minutes ! » Parce que j'avais besoin de cinq minutes supplémentaires pour me rendre compte de la situation que j'étais en train de déclencher. Cinq minutes pour permettre à ce moment irréel de prendre une forme concrète : j'allais voir Raël. C'était impressionnant, excitant, autant que stressant.

Vêtue d'une minijupe noire, qui rendait ma silhouette encore plus fine qu'elle ne l'était, d'une chemise blanche et d'un corset noir par-dessus, le brushing impeccable, un ras du cou avec une rose noire, j'ai rejoint le hall de l'hôtel, un peu perdue, les jambes flageolantes. On m'a demandé d'attendre dans une sorte de renfoncement à côté de la réception ; Raël signait des dédicaces de son livre dans une salle qui se trouvait de l'autre côté de l'entrée.

Je me suis installée dans cette alcôve. Après plus de 40 minutes à patienter, une Ange est venue me chercher et m'a accompagnée jusqu'à la table où se trouvait Raël. Céline, sa femme, était assise à sa droite. Je l'avais rencontrée à plusieurs reprises à l'Eden, ses parents étaient raëliens, mais on ne s'était jamais parlé. Elle vivait avec Raël depuis plusieurs années. Il l'avait épousée peu de temps avant son départ au Canada, alors qu'elle n'avait que seize ans.

L'Ange m'a invitée à m'assoir à la gauche du prophète, alors qu'il continuait de distribuer des autographes. Je me suis installée sans que nous nous parlions. Sans l'interrompre dans ce qu'il faisait. J'ai senti une manifestation de sueur soudaine au creux de mes aisselles, comme pour me rappeler à quel point j'étais vulnérable.

Raël a tourné la tête dans ma direction l'espace d'une seconde, sans montrer d'émotion particulière sur son visage. Je l'ai regardé en retour. Puis il s'est replongé dans ses livres. Soudain, je me suis demandé ce que je faisais là ; c'était la première fois que je voyais Raël de mon plein gré, en tant qu'adulte. Je trouvais ça bizarre, tout en étant contente et rassurée d'être enfin au bon endroit. Puis, d'un coup je me suis sentie soulagée, j'ai compris que ça y était, après toutes ces péripéties, j'étais à nouveau assise d'un côté du prophète, sa femme de l'autre, avec l'agréable sensation d'avoir retrouvé ma place.

La pile de livres et la salle se sont vidées. Raël s'est levé et m'a attrapé la main, alors que nous n'avions toujours pas échangé un mot. Raël, Céline et moi avons pris l'ascenseur pour rejoindre l'étage des chambres. Lorsque nous sommes arrivés dans la grande suite du prophète qui était aménagée en deux parties, Céline s'est instinctivement dirigée sur la gauche et Raël, ma main toujours dans la sienne, m'a orientée vers la partie droite, où il y avait une autre chambre. Il a fermé la porte. On s'est assis sur le canapé et j'ai attrapé un coussin que j'ai posé contre mon ventre. Raël, l'air surpris, m'a demandé pourquoi je me cachais ainsi. J'ai répondu : « J'ai du ventre et je n'aime pas ça, j'ai honte. » Raël a souri et, comme pour me rassurer, il a dit : « C'est pas grave, ça ! Le ventre, ça se perd ! » C'était notre premier échange. Après toutes ces années sans se voir, ce sont les premières choses que l'on s'est dites.

Puis Raël m'a demandé pourquoi je ne portais pas de symbole comme lui autour de mon cou. « Une médaille qui prouverait ton appartenance au mouvement », a-t-il précisé. Alors je me suis levée, je me suis mise de trois quarts et j'ai légèrement remonté ma chemise pour le laisser découvrir le tatouage au creux de mes reins. Raël a affiché un air satisfait avant de déclarer : « J'aimerais t'appeler Aïcha, toi ! "A. I." pour les initiales de l'intelligence artificielle et "chat" parce qu'un chat retombe toujours sur ses pattes, comme toi ! Mais à partir de maintenant, je vais t'appeler Lydiamour. » Et dans la foulée, Raël m'a demandé de le masser.

Nous nous sommes installés sur le lit, il s'est déshabillé et, à califourchon sur son dos, je me suis mise à le masser, après avoir essuyé mes mains moites sur le dessus de lit. C'était la première fois que je touchais Raël et que j'avais un rapport de proximité avec lui. J'ai remarqué que je n'étais pas trop mal à l'aise, c'était même assez plaisant parce que cela me donnait de l'importance. Je massais le prophète, tout le monde n'avait pas cette chance. Je me répétais même, sans trop y croire : « Lydia, tu masses le prophète ! »

Quelques minutes plus tard, Céline frappait à la porte et passait une tête. « Je suis désolée, mon prophète bien-aimé, mais ça va être l'heure du dîner, tout le monde est déjà en bas, on va être en retard ! » Raël a fait signe qu'il arrivait, l'air très agacé. Céline est repartie alors que Raël bougonnait tout en se rhabillant.

Nous sommes descendus tous les trois pour rejoindre la salle de séminaire dans laquelle étaient dressées une vingtaine de tables rondes. La pièce était remplie de Raëliens. J'ai été installée à la table de Raël, à sa gauche, Céline était assise à sa droite, et je faisais la connaissance de Michel Houellebecq qui était en face de moi. Il n'avait pas encore une grande notoriété, mais étant donné son activité littéraire, sa présence avait quelque chose de noble et respectable. Même si j'ai uniquement trouvé cet homme moche et l'air assez sale ; il me dégoûtait.

Lors de ce dîner, j'ai également rencontré Brigitte Boisselier. Une scientifique en adoration pour Raël, persuadée qu'elle allait réussir le premier clonage humain. Elle disait faire des expériences en laboratoire aux États-Unis et en Israël, avec des équipes médicales très pointues. Des étoiles plein les yeux, le sourire jusqu'aux oreilles, elle nous assurait que le premier bébé cloné allait bientôt voir le jour. Je n'avais aucune compétence scientifique pour remettre sa parole en doute ni questionner ses prétendues découvertes ; tout ce que je pouvais voir, de là où j'étais, c'était qu'il y avait une horde de véritables universitaires en médecine et en sciences qui accompagnaient désormais Raël dans son travail de clonage pour les Elohim. Des gens sérieux, diplômés, cultivés. L'entourage averti de Raël ne pouvait que me conforter dans cette croyance que nous œuvrions tous pour quelque chose de plus grand que nous, une cause sérieuse et supérieure qui nous dépassait tous, mais pour laquelle il fallait se battre parce qu'elle en valait la peine.

Alors, moi, crédule, j'étais assise à la table de gens impressionnants et du haut de mes 20 ans, je buvais leurs paroles. À tous. Convaincue d'être entourée des meilleurs, des savants, des élus parmi les élus.

Lorsque je m'étais installée à cette table, je me souviens qu'à la seconde où ma présence avait été notifiée aux équipes, un type très costaud s'était positionné quelques pas derrière ma chaise. Je n'avais pas cherché à comprendre, mais lorsque j'étais allée aux toilettes et que le molosse m'avait accompagnée, j'avais demandé, sceptique : « Pourquoi tu me suis ? » Il avait répondu : « Pour ta protection. » Et c'est ainsi que j'ai compris qu'on venait de m'octroyer un garde du corps qui n'allait plus me quitter.

Après le dîner, Raël et moi sommes retournés dans la chambre, et Céline est naturellement allée dans l'autre partie de la suite. Raël m'a demandé d'aller faire pipi et de prendre une douche, en m'expliquant que ce rituel était nécessaire avant tout rapport sexuel avec lui. Lorsque je suis revenue dans la chambre, Raël était déjà dans le lit à m'attendre. J'étais très tendue, parce que je me sentais impressionnée par ce grand monsieur et je trouvais la situation irréelle. À la fois, j'avais envie de vomir parce que cet homme, au fond, me dégoûtait profondément. Cela n'avait pas changé, j'avais toujours un rejet à son égard que je m'interdisais de reconnaître. Pour autant, je ne perdais pas de vue qu'il s'agissait du prophète et que, cette fois, j'allais me donner à lui et véritablement accomplir ma mission. J'allais m'offrir au prophète et c'était un honneur. Peu importaient sa tête, son style, ou son odeur, ma foi était plus forte. J'ai décidé, comme je savais si bien le faire, de ne plus écouter ce que mon corps pouvait manifester : tensions, sueurs, fourmillements, nausées. J'ai rejoint Raël timidement sans trop savoir comment m'y prendre. Je me suis allongée à côté de lui et je me suis laissé faire. Raël est monté sur moi, m'a embrassée et, rapidement, il m'a demandé une fellation. Je me suis exécutée. Puis Raël m'a allongée sur le dos pour me pénétrer et, à nouveau, comme dans un réflexe bien rodé, je suis devenue spectatrice de la scène, dissociée de mon corps. Comme si cet état devenait ma norme et que je ne pouvais rien y faire. Comme si mon corps décidait lui-même de m'éclipser. C'était notre façon de gérer la situation. Mon corps sur le lit, pénétré, écrasé par un homme, mon esprit ailleurs. Au point que Raël pouvait me demander à plusieurs reprises : « Lydiamour, tu es là ? Lydiamour, reste avec moi, n'oublie pas que tu es avec le dernier des prophètes, n'oublie pas. »

J'entendais ses mots comme si Raël remettait une pièce dans ma conscience qui, elle, tentait sans cesse de s'échapper pour supporter le moment.

Lorsque le rapport s'est terminé, Raël m'a rapidement fait comprendre que je pouvais retourner dans ma chambre. Lui partait rejoindre Céline dans l'autre lit. De façon naturelle et organisée, nous nous sommes quittés de cette manière. Et pendant les quatre jours de stage, les choses se sont déroulées de la même manière. Des rapports sexuels à raison de plusieurs fois par jour pendant lesquels, sans que je m'en rende compte, Raël me faisait part de certains de ses fantasmes. Il distillait ici et là des idées un peu saugrenues que j'écoutais sans y faire trop attention. Cette fois, mes oreilles décidaient de ne pas entendre ce dont elles ne voulaient pas s'encombrer.

Un soir, il a dit sur un ton très innocent : « Tu sais, Lydiamour, ça m'exciterait beaucoup que tu te masturbes devant moi, comme ça, et qu'on imagine qu'il y a des chiens. Imagine qu'il y a un chien qui te lèche, qui te caresse… Tu imagines ? » Il a parlé de miel et de confiture. J'ai entendu ces mots sans les entendre, parce que j'étais incapable de les accueillir. Et même si je remarquais son excitation monter au fur et à mesure qu'il me tenait ce genre de propos, une fois de plus, j'ai occulté. J'ai remis ça sur le compte d'une lubie passagère, d'un désir irréalisable. D'un fantasme. Et pour me rassurer, je pensais que si ça venait du prophète, du dernier des prophètes adulé par tant de fidèles, ça ne pouvait pas être malsain. Sans me douter un seul instant qu'il pourrait un jour ou l'autre vouloir passer à l'acte.

Puis, à l'issue du week-end d'anniversaire, juste avant qu'il ne reparte pour le Canada, Raël et moi étions dans la chambre, allongés sur le lit. Il a pris un air sérieux et a déclaré : « Lydiamour, je te veux toujours près de moi, enfin, derrière moi. Et je verrais bien une plume rose et un cordon doré à ton cou. Il faut que tu demandes à Céline de te *briefer.* » C'était sa façon de me féliciter et de me promouvoir. Et c'est ainsi que je l'ai vécu, comme un grand signe de reconnaissance. Comme une invitation à définitivement changer de vie, dans une évolution digne pour le mouvement. J'appartenais à nouveau au groupe, et cette fois, je pouvais faire partie du haut de la hiérarchie. Et enfin rejoindre les élues parmi les élus.

Pour que les choses soient faites dans les règles de l'art et suivent le protocole du mouvement, Raël m'a invitée à faire ma « demande des Anges ». Il s'agissait de rédiger une lettre de candidature au poste d'« Ange cordon doré plume rose » de façon officielle. Un courrier, sous forme de lettre de motivation, dans lequel je devais détailler mon niveau d'implication et l'ampleur de mes intentions. Les Anges du mouvement, Céline en tête, m'ont alors prise en main pour me former et m'aider à rédiger cette lettre. Pleine de bonne volonté et d'application, j'ai écrit dans mon courrier que je souhaitais vouer ma vie aux Elohim et au prophète. Que la chose la plus importante à mes yeux était de leur donner mon âme, mon corps et du plaisir. J'expliquais que je voulais vivre pour l'éternité dans l'amour et le partage, et que j'étais prête à tout faire pour diffuser le message de paix du mouvement au plus grand nombre. À tout. J'ajoutais que ma priorité était le confort du prophète et de l'aider à accomplir sa mission, parce que c'était la mienne. J'ai écrit que j'étais faite pour ça. Que je ne voulais faire que ça. Et j'ai écrit tout cela sans le questionner. J'étais profondément sincère et impliquée dans ma démarche. Et je restais intimement convaincue des valeurs louables et d'amour du mouvement.

En parallèle, Céline avait commencé son rôle de formatrice, déjà lors du stage en Suisse. Par exemple, si je rigolais un peu fort, elle pouvait me donner un petit coup de coude pour que je me calme. Si je marchais trop vite, elle me faisait ralentir pour garder la distance protocolaire avec le prophète. Elle s'appliquait aussi à me rafraîchir la mémoire sur certains cours que m'avait donnés

Christian à l'époque. Le système d'épilation de mes parties intimes, la façon de pratiquer une fellation, ce genre de choses. Et contrairement à toutes les autres formations académiques que j'avais pu suivre dans ma vie et dans lesquelles j'avais échoué, ici, j'étais très assidue.

Puis j'ai envoyé ma lettre à Ophélie, la « responsable des Anges planétaires ». Peu de temps après, je recevais un e-mail de Raël pour me dire que ma candidature avait été acceptée. Je venais d'être promue. Je venais d'intégrer le mouvement d'une manière solide et durable, à un des plus hauts postes de la hiérarchie pour les femmes. J'ai ressenti une immense satisfaction et même une grande fierté.

Malgré la distance qui nous séparait, Raël et moi avions installé dans la foulée un échange de courriels et d'appels quotidien. Lui depuis le Canada, et moi depuis la France. Je faisais maintenant partie de sa vie, et dès qu'un événement avait lieu en Europe, il me demandait de le rejoindre. Je n'ai jamais été invitée au Canada parce que là-bas, Raël avait déjà tout ce dont il avait besoin. Des Anges cordon doré locales. Moi, j'étais son Ange attribuée pour l'Europe. Enfin, il y en avait d'autres, mais je savais que j'avais un statut de favorite. Le reste du temps, je me consacrais pleinement aux réunions d'Anges de la région lyonnaise.

En parallèle, il me fallait subvenir à mes besoins, quitter ma colocation avec Tatiana, et comme je n'avais aucune envie de reprendre la restauration, un jour, une idée a surgi. Une idée qui était restée dans un coin de ma tête depuis que mon éducatrice me l'avait suggérée quelques années plus tôt. Une idée un peu spéciale, mais qui, au vu de la situation, m'a soudain paru la meilleure : intégrer l'armée.

J'avais besoin de rigueur et d'un point de chute rassurant. Un endroit où je serais prise en charge, logée, nourrie, blanchie. Un lieu où je serais protégée du monde extérieur, en quelque sorte. Une institution stable qui me permettrait de continuer mes activités raëliennes sans que je me mette en danger financièrement. L'idée me semblait tellement parfaite que j'ai décidé de passer le concours et, à ma grande surprise, je l'ai tout de suite eu. Il y a eu une rapide enquête sur moi, comme pour tous les aspirants au poste lors d'un recrutement à l'armée. En ce qui me concerne, ils souhaitaient s'assurer que je n'étais plus dans le mouvement raëlien. Je leur ai donc promis que je n'avais plus aucun contact avec eux. Et peu de temps après, j'intégrais la Marine nationale avec un contrat de trois ans. Tout est allé très vite et de manière assez simple.

J'avais été recrutée pour travailler dans le restaurant du porte-avions Charles-de-Gaulle, à Toulon. Ce nouvel emploi m'offrait un revenu assez confortable, et surtout de grands espaces de temps libre. En dehors de mes permanences, j'avais neuf semaines de vacances par an. C'était un très bon équilibre pour moi, l'équilibre parfait. Tout se goupillait parfaitement, j'avais même lié une forte amitié avec une autre militaire, Pauline, qui était dans mon service et avec qui je partageais le dortoir. Elle avait vite compris que je n'étais pas totalement nette, mais que je n'étais pas quelqu'un de mauvais pour autant. Et elle m'avait prise sous son aile. Désormais, j'avais une toute nouvelle vie et elle me plaisait beaucoup : je travaillais pour l'armée, sur le porte-avions, j'avais des collègues sympas, une vraie amie, je voyais mes parents rarement, le moins possible, je leur donnais peu de nouvelles et m'en portais très bien, et lors de mes week-ends libres sur Toulon, je faisais la fête. Je sortais beaucoup et enchaînais des relations sans lendemain. Parce que je me réservais pour Raël. Et c'est pendant cette période de brève stabilité, durant laquelle j'avais réellement un pied en dehors du mouvement que, lors d'une soirée en boîte de nuit, j'ai fait la connaissance de Sylvain. On est tout de suite devenus amis parce que le courant passait bien entre nous. On rigolait beaucoup. Sa grand-mère vivait dans le même immeuble que mes parents à Saint-Étienne et ce drôle de hasard nous avait liés d'une belle amitié. Et pendant mes congés, je m'occupais du mouvement. Je m'y donnais corps et âme.

J'avais l'impression d'avoir trouvé un bon équilibre, de me sentir ancrée dans des activités qui me plaisaient et de ne pas avoir à mettre de côté ma véritable mission : le mouvement. Mais cette nouvelle vie, ce nouveau rythme, n'a hélas pas pu durer très longtemps, parce qu'en tant qu'Ange cordon doré plume rose, j'avais de plus en plus de responsabilités. Rapidement, j'ai été davantage sollicitée par le mouvement. Raël me demandait de le rejoindre à de nombreux endroits hors de France et de me mettre en arrêt maladie pour assumer mes devoirs. J'étais amenée à souvent partir en Suisse, en Slovénie. Alors, j'enchaînais les arrêts maladie. Je me doutais que tous ces congés allaient finir par décourager ma hiérarchie qui pourrait me demander de démissionner. Et au bout d'un an et demi sur le porte-avions, c'est ce qui s'est produit. Bizarrement, je me sentais un peu dépassée par les événements, j'avais tellement de choses à faire pour Raël que j'ai vite trouvé mon temps libre limité, alors ce renvoi m'arrangeait. Jamais je ne perdais de vue que le mouvement restait ma priorité et que je ne pouvais accepter aucune obligation trop contraignante en dehors de mes responsabilités d'Ange.

Au même moment, Raël a quitté le Canada ; là-bas, le mouvement déclinait et, à son tour, l'opinion canadienne ne voyait plus d'un très bon œil la doctrine raëlienne. Le prophète s'est installé dans le petit village de Sierre, en Suisse. Et dès qu'il l'a souhaité, c'est-à-dire la semaine suivante, je l'ai rejoint pour un stage. À l'issue du séjour, Raël était très satisfait de mon travail et de mon implication. Alors, il m'a demandé :

— Tu aimerais vivre ici avec moi ?

— Mais mon prophète bien aimé, je n'ai pas d'argent, en fait. Je n'ai pas les moyens de vivre ici, lui ai-je rétorqué d'un air profondément désolé.

— T'inquiète pas pour ça.

Et il a souri.

Je n'ai pas réfléchi plus de temps que celui d'un aller-retour en France pour récupérer des affaires. Il ne fallait d'ailleurs pas que je réfléchisse trop longtemps, je me savais capable de changer d'avis, mais je ne pouvais pas me le permettre. D'une part, ma lettre de *demande des Anges* m'avait rattachée officiellement au mouvement et je n'ai jamais été de nature à me désengager d'une promesse ; d'autre part, je restais convaincue que j'allais sauver l'humanité et que j'étais en mission.

Ainsi, quelques jours plus tard, j'étais dans un train pour rejoindre Sierre. Pendant le voyage, je me souviens qu'une jolie jeune femme rousse était assise en face de moi. Une femme solaire qui transpirait le bien-être et la joie de vivre. La plénitude qu'elle dégageait est une nouvelle fois venue me confronter à mon état paradoxal. Au point que je me suis subitement mise à pleurer à chaudes larmes, un poids lourd dans la poitrine. Comme toujours, j'étais tiraillée par deux réalités incompatibles. Par des pensées que je ne pouvais pas concilier. D'un côté, je me disais que ma vraie vie allait enfin commencer et que je partais en mission rejoindre ce qui avait du sens : l'amour, le sacrifice et la servitude. D'un autre, j'aurais aimé être cette femme rousse. Je voulais être comme elle, je rêvais d'être à sa place, parce que j'étais son opposée. J'étais sombre et hantée par mes démons, et je me disais : « Lydia, qu'est-ce que tu fais ? Pourquoi tu y retournes ? Pourquoi tu as besoin de ça ? » J'étais à nouveau perdue et rattrapée par cette petite voix qui voulait me faire changer de direction, mais que j'étais incapable d'écouter. L'écouter, c'était encore tout ficher en l'air. C'était tout perdre encore une fois. C'était mourir socialement une fois de plus. Ainsi, au bout de quelques minutes à batailler avec mes doutes, alors que le train avançait à toute allure en direction de Raël, je me suis ressaisie et, d'un claquement de doigts, je me suis mise dans les meilleures dispositions pour accomplir mon devoir. Et j'ai dit « ta gueule » à mon ressenti. Enfin, à moi-même.

Quand je suis arrivée à Sierre, des Raëliens sont venus me chercher à la gare et m'ont conduite dans la maison d'un couple, à deux pas de celle de Raël et Céline. Une chambre sous forme de studio avait été aménagée au sous-sol. La pièce avait été joliment préparée pour me recevoir et avait l'air de m'attendre. J'ai reçu un accueil chaleureux de tous les Raëliens présents, tous étaient remplis d'amour et de gratitude de me voir les rejoindre et m'installer avec eux. « Bienvenue, Lydiamour ! Merci, Lydiamour ! Oh, Lydiamour tu es parmi nous ! »

J'ai vidé mes sacs, rangé quelques affaires, et dans l'heure qui a suivi, Raël m'a convoquée : « Au fait !! Tu sais, Lydiamour, quand tu as envoyé ta demande d'Ange, tu as oublié de signer ton courrier. Il faudrait que tu le fasses, c'est très important. » Raël m'a tendu des papiers, trois pages que j'ai signées sans même les lire.

Le soir, pour célébrer mon arrivée, nous avons fait une grande fête avec la dizaine de Raëliens qui vivaient sur place. Un immense repas dans la joie. Pendant le dîner, Raël a officialisé mon arrivée par un discours de bienvenue qu'il a conclu de la sorte : « Les Elohim sont parmi nous ce soir, alors je vous laisse leur adresser vos messages. » Chaque personne présente autour de la table, l'une après l'autre, a prononcé quelques phrases d'amour et de respect destinées aux Elohim. Quand mon tour est arrivé, j'ai été prise de court et je me suis effondrée en larmes. Lorsque j'ai réussi à me calmer, la seule chose que je suis parvenue à dire, les yeux rivés au sol, c'est : « Pardonnez-moi. » Parce que je m'en voulais de ne pas être aussi heureuse que j'aurais dû l'être et surtout, j'avais peur que nos créateurs m'en veuillent à jamais d'avoir déclenché un procès quelques années plus tôt. Cette idée continuait de me hanter. Et j'en avais honte.

À l'issue de ce dîner, j'étais officiellement montée en grade dans la hiérarchie, de façon naturelle et automatique, et les comportements de tous les Raëliens se sont mis à changer instantanément. J'étais à présent quelqu'un d'important pour le mouvement et de très respecté. Désormais, j'étais un peu comme la compagne asiatique de Raël que j'avais connue à l'Eden lorsque j'étais enfant et que j'admirais. Désormais j'étais comme elle, j'avais cette place, ce respect infaillible qu'on me témoignait, et même, je sentais l'admiration de la plupart des Raëliens à mon égard. Cela m'était extrêmement agréable. Bien plus valorisant que tout ce que j'avais pu connaître jusque là.

Je n'avais simplement pas compris que l'on venait de célébrer mon CDI en enfer. Ce n'est que quelques mois plus tard que je suis retombée sur les papiers que j'avais signés lors de mon arrivée à Sierre. Un peu par hasard, je les ai retrouvés dans mes affaires et cette fois, j'ai eu envie de les lire. Et j'ai pu prendre connaissance des horreurs que j'avais signées, dans un état de panique.

Dès les premières lignes de lecture, j'ai pleuré toutes les larmes de mon corps. Je pleurais de culpabilité et rien d'autre. Ce que je ne comprenais pas, c'était comment il était possible que ce que je lisais me mette dans un tel état de malaise alors que j'aurais dû être en mesure de reconnaître ma chance d'être là, auprès de Raël. Mais ce n'était pas de cette manière que je ressentais les choses. Désormais, je ne savais pas qui j'étais, je ne comprenais pas ce que j'avais accepté, je redoutais ce qui allait m'arriver et surtout, je ne me pensais pas à la hauteur de l'enjeu. Mais je sentais bien que je m'étais engagée dans quelque chose qui allait me broyer. J'étais sous l'emprise totale de Raël, entièrement sous son contrôle. Je n'avais plus de libre arbitre, j'étais devenue sa chose. Et c'était clairement stipulé dans ce que j'avais signé. Un contrat – sans aucune valeur juridique, mais je n'y connaissais rien à l'époque – qui listait une quantité faramineuse de conditions et d'interdits. Par exemple, je ne devais pas parler de ce que je faisais avec Raël à qui que ce soit. C'était strictement interdit. J'étais dans l'obligation d'avoir des relations sexuelles avec lui dès qu'il le souhaitait, même si je n'en avais pas envie. Je n'avais pas le droit de dire non, jamais, et je devais accepter tout ce qu'il me réclamait. Cette requête m'a fait froid dans le dos, c'était la pire chose qu'on puisse me demander. Ne pas dire non. Même si, depuis des années, je ne disais jamais non à rien, il me semblait pourtant que j'y avais droit, malgré tout.

J'étais également obligée d'avoir un moyen de contraception valide, je devais porter les vêtements de son choix et perdre du poids s'il le décidait. Je devais me mettre au service du prophète à tous les niveaux et ne jamais douter de ce qui m'était demandé de faire. Et j'ai découvert une multitude d'obligations de cet ordre-là, et aucune contrepartie n'était stipulée. Mon hébergement et mes frais étant pris en charge, et vu le standing luxueux de ma nouvelle vie, j'en ai déduit qu'il s'agissait du prix à payer. Ça n'était écrit nulle part, mais j'avais le droit de partir quand je le souhaitais.

Alors, j'ai essuyé mes larmes en me rappelant que j'étais libre. Libre d'être là et libre de partir. Enfin, c'était ce que je pensais et, sur le moment, c'était ce qui me réconfortait. Parce que dès lors, j'étais aussi libre que contrainte. Aussi libre qu'un oiseau dont la cage est ouverte, mais qui ne sait pas voler. Et c'est ainsi que sans m'en rendre compte, je venais de rogner ce qu'il me restait en signant mon arrêt de mort.

8

MA VIE D'ESCLAVE DE LUXE

J'ai d'abord appris à faire le ménage. Mais pas n'importe quel type de ménage : le ménage comme Raël l'entendait. À titre d'exemple, il fallait laver ses draps d'une certaine façon, utiliser une lessive spécifique et ne surtout pas mélanger les caleçons et les chaussettes. Il fallait aussi comprendre le fonctionnement de l'intendance de manière plus générale. Il s'agissait de connaître le régime alimentaire du prophète pour lui faire la cuisine, un régime très strict. Je devais aussi faire attention à l'eau qu'il buvait, au gel douche qu'il utilisait, un produit que l'on faisait venir spécifiquement de l'étranger. Je gérais également les stocks et veillais à importer des États-Unis la sauce barbecue que Raël aimait, et respectais tout un tas d'indications qu'il me fallait suivre à la lettre pour ne surtout pas le contrarier. Parce que Raël pouvait facilement sombrer dans des énergies négatives et, sans s'énerver, nous faire tous passer un sale moment. Jamais Raël ne s'énervait, jamais Raël ne criait, mais Raël pouvait être sous tension et dégager une humeur sombre. Il avait un nombre incalculable d'obsessions et maniaqueries qu'il fallait respecter. Sur sa table de nuit, par exemple, étaient disposés des objets d'une manière bien précise qu'il ne fallait pas déplacer d'un millimètre pendant le ménage. Cela risquait de perturber le prophète dans son travail. Dans tout ce que je faisais, ma mission était de rendre Raël heureux et de lui permettre d'être dans les meilleures conditions possible pour s'occuper du mouvement, sauver le monde et créer sa musique. Il avait un petit studio et composait des chansons qu'il espérait proposer au grand public. La musique et les promenades occupaient une grande partie de son temps. Et les rapports sexuels, le reste.

En parallèle de ma formation aux tâches ménagères et à la logistique du foyer, je couchais avec Raël dès qu'il en avait envie. N'importe quelle heure du jour ou de la nuit. Il avait un grand appétit sexuel. Céline était peu portée sur la chose, elle était même asexuée, alors j'étais très sollicitée. Tous les jours, et plusieurs fois par jour, Raël se pointait dans ma chambre et demandait mes services. Je n'avais pas le droit de lui refuser quoi que ce soit. S'il sentait en moi la moindre réticence ou un manque d'entrain, il savait me rappeler à l'ordre d'une phrase : « Fais un effort, Lydiamour, c'est pour les Elohim et le mouvement. » Le seul moment où j'étais exonérée de rapports, c'était lorsque j'avais mes règles ; cela le dégoûtait. Mes menstruations le dégoûtaient, alors que la vue du sang l'excitait. Il lui arrivait d'ailleurs d'utiliser des objets lors de nos actes sexuels. Je me souviens d'un godemichet très particulier, un modèle avec des pics au bout, qui avait l'air artisanal et unique. Raël l'utilisait pour me faire saigner. Cela me faisait très mal, j'avais beau être dissociée de mon corps, je sentais les pics se frotter aux parois de mon vagin et les déchiqueter. J'avais envie de vomir tant la douleur était profonde, je m'accrochais au matelas que je comprimais sous mes doigts pour supporter les sensations. Raël adorait s'en servir pour regarder le sang vif, sa couleur rouge, couler de mon sexe. Puis il approchait son nez pour sentir mon sang. À d'autres moments, Raël pouvait aussi simplement me solliciter pour l'accompagner en balade. J'allais avec lui me promener dans les vignes ou en forêt, en fonction de son humeur.

C'est ainsi que ma routine, calée sur le rythme des moindres désirs de Raël, est rapidement devenue de l'attente. Tout en devant gérer l'intendance et le ménage, j'étais toujours à attendre que Raël choisisse ce dont il avait envie. Je restais sur le qui-vive, toujours prête, propre et disposée à tout ce qu'il désirait. Jour comme nuit, j'étais d'astreinte. Une fellation, une promenade, un massage… J'attendais pour tout, même pour qu'il valide les vêtements que je portais, puisque c'était lui qui décidait comment je devais m'habiller. Il pouvait me demander d'enlever des vêtements qui n'étaient pas à son goût. Comme il pouvait aussi me demander d'enlever du poids de mon corps lorsqu'il me trouvait trop enrobée, puisqu'à l'époque j'avais tendance à grossir.

De son côté, Céline avait à peu près la même vie, les rapports sexuels en moins. Et nous cohabitions de cette manière, de façon plutôt harmonieuse, puisque personne ne se rebellait. Il n'y avait aucune raison de le faire, étant donné que nous étions tous là de notre plein gré. C'était essentiellement Céline qui m'expliquait le fonctionnement de l'intendance de la maison. À ses côtés, j'apprenais à être femme de ménage, cuisinière, intendante. J'ai d'ailleurs fini par devenir proche de Céline, nous nous entendions très bien. C'était un peu ma soupape. Nous étions, dans le silence et sans complicité démesurée, témoins l'une pour l'autre de ce que nous vivions. Et sans nous plaindre, sans en parler, nous nous soutenions. Nous nous comprenions. Tout ce que nous faisions, nous le faisions pour le mouvement. Pour les Elohim, pour l'humanité tout entière. Ça ne nous traversait même pas l'esprit de remettre en question notre mode de vie, ça n'était que des sacrifices utiles. Et il n'était pas question non plus d'être jalouses. Le mouvement inculquait aux fidèles de ne pas l'être. Tous les Raëliens devaient montrer leur grandeur d'âme et leur amour inconditionnel en pratiquant l'échangisme et la polygamie, sinon, ça n'était pas de l'amour. De nombreuses fois, il m'arrivait d'être dans des moments très intimes avec Raël, alors que Céline passait lui demander quelque chose, sans une once de jalousie. Le seul qui était jaloux et possessif, c'était Raël. Et c'était plus fort que lui. Il ne supportait pas l'idée que l'on puisse coucher avec d'autres hommes que lui, c'est pour cette raison qu'au sein du mouvement, on lui appartenait exclusivement.

Un jour, alors que je discutais avec d'autres Anges, j'ai compris à quel point j'étais sa possession. Et je l'étais déjà, à mon insu, bien avant que je ne contractualise ma servitude. J'ai eu cette révélation lors d'un week-end où se tenaient plusieurs réunions d'Anges. Un soir nous avons eu une discussion avec les autres filles au sujet de nos premières fois respectives. Chacune, à tour de rôle, a raconté son expérience. Quand est venu mon tour, j'ai confié que j'avais eu mon premier rapport avec Fabrice, le guide de la région Rhône-Alpes que tous les Raëliens connaissaient et appréciaient. Raël était installé dans un coin du salon à quelques mètres de nous et écoutait la discussion d'une oreille. Il s'est tourné vers moi et m'a demandé : « Et qu'est-ce que tu en as pensé ? » J'ai répondu du tac au tac que j'avais eu mal et j'ai ajouté, en relativisant : « Enfin, j'ai eu mal, mais comme beaucoup de filles ! » Raël a souri avant de préciser : « Non, Lydiamour, ça n'était pas comme beaucoup de filles, parce que c'est moi qui avais décidé que ce serait avec lui ». J'ai eu un moment de flottement, sans savoir si je devais rire ou pleurer. Je tâchais de rester neutre, mais cette information me transperçait le cœur. Je comprenais que c'était Raël, depuis le Canada, qui avait commandité mon viol. Enfin, mon dépucelage. Et que j'étais son objet, sa chose, depuis toujours. Tout était constamment amené de façon claire, sans tabou, presque innocente, mais ça faisait mal. Et c'est avec cet état d'esprit très transparent que mon quotidien à Sierre s'est vite installé.

Entre intendance, gestion de logistique et rapports sexuels, le temps m'échappait un peu. Et petit à petit, sans que ce soit mis en place de façon formelle, les Raëliens ont commencé à venir me voir pour toutes les questions de logistique ou d'organisation. C'était vers moi qu'on se tournait en premier lieu. Et rapidement, je suis devenue leur intermédiaire principale. Avant de demander quoi que ce soit à Raël, on me sollicitait. Désormais, tout passait par moi. J'étais devenue la première assistante de Raël, son bras droit. Et 99 % du temps, j'étais à ses côtés, aux premières loges. Pour autant, je ne devais pas prendre ce statut privilégié pour acquis. À tout moment, Raël savait me faire me sentir vulnérable et me remettre à ma place. Comme il l'avait fait lors d'un dîner quelques semaines à peine après mon arrivée. Le mouvement avait organisé un nouveau week-end à Crans-Montana, une station où nous allions fréquemment ; tout le monde aimait s'y retrouver. Le soir, nous devions aller dîner dans le restaurant de l'hôtel. Je marchais derrière Raël, tel que l'exigeait le protocole, pour rejoindre notre table et m'installer à sa gauche de manière presque automatique, quand soudain, Raël a pris une autre Ange par la main, une fille qui se trouvait autour de la table comme plein d'autres Raëliens, et il l'a assise à côté de lui. Alors que j'avais l'impression que ma nouvelle routine de vie commençait à être rodée et que je maîtrisais à peu près la situation, Raël m'a fait comprendre que rien n'était gagné et que s'il avait envie d'autre chose, il le pouvait. Je devais rester à distance et respecter son choix du moment. Ce que j'ai fait sans broncher, même si je l'ai vécu avec une certaine contrariété. Je suis restée un court instant statique et décontenancée, avec la sensation de perdre mon statut, jusqu'à ce que d'autres Raëliens m'invitent gentiment à leur table.

Assise avec des Raëliens lambda, j'observais Raël entouré de Céline et de cette autre Ange, et j'ai compris que rien n'était acquis. Dans les mois suivants, Raël a souvent fait appel à d'autres Anges, me laissant de côté, à batailler avec une sorte de jalousie étrange. À la fois, je m'en fichais qu'il couche avec d'autres femmes ; au contraire, j'étais fière de pouvoir accepter cela et qu'il se sente libre avec moi, je me sentais à la hauteur du mouvement et je renvoyais l'image d'une femme capable d'amour pur. Malgré tout, la façon de faire était assez dégradante et me renvoyait sans cesse à ma fragilité. Ça n'était finalement pas un CDI dans lequel je m'étais embarquée, j'étais en réalité très précaire dans mon nouveau confort de vie. Je ne manquais de rien, je vivais dans une maison luxueuse, tous mes frais étaient pris en charge, je mangeais sainement, j'avais un rôle important dans le mouvement, mais je sentais qu'à tout moment, je pouvais me faire dégager ou descendre en grade. Et je ne pouvais pas me permettre de tout perdre. Alors, je tâchais d'être sans cesse la meilleure version de moi-même pour Raël, pour le mouvement. Et j'acceptais tout, pour garder mon statut et mon niveau de vie. Notamment lors des rapports sexuels. Ils avaient beau me mettre mal à l'aise, j'acceptais que tout le plaisir soit tourné vers Raël et les Elohim, c'était le prix de ma place.

Je n'ai jamais connu le plaisir avec Raël, toutefois, j'expérimentais le sacrifice utile qui me procurait, de façon tordue et insidieuse, la sensation d'avoir bien fait quelque chose et d'en tirer une certaine satisfaction. Raël était toujours très excité et avait besoin, tel un obsédé, de combler son besoin de sexe en permanence. Parfois, les rapports allaient très vite, parce que son excitation était trop forte à contenir ; d'autres fois, c'était long. Et plus douloureux. Avec de temps en temps des idées détraquées qui émergeaient. De façon innocente et tranquille, il pouvait me rappeler à quel point il aimait la vue du sang, de temps à autre, il me reparlait des chiens, il suggérait des aliments sans que je comprenne bien le concept, parfois, il me pénétrait et parlait dans un dialecte étrange que je ne comprenais pas et, à quatre pattes, j'attendais que ça passe. Il m'expliquait plus tard qu'il avait communiqué avec les Elohim. Les dérives s'installaient en douceur au fil des mois jusqu'à ce qu'un jour, lors d'une promenade en forêt, ce que je croyais être un fantasme irréalisable se manifeste finalement dans le réel.

Raël et moi étions partis dans les bois nous balader avec les deux gros chiens d'un couple raëlien. Deux énormes molosses qui m'arrivaient au niveau des cuisses. Je n'ai jamais demandé leur race, mais les deux bêtes avaient de très longs poils, l'un était blanc et l'autre marron. Nous marchions sur un sentier, le couple de Raëliens propriétaires des chiens nous suivait à quelques centaines de mètres de distance, lorsque soudain, Raël m'a demandé d'enlever ma culotte. Sans chercher à comprendre, sans poser de questions, je me suis mise près d'un arbre un peu caché, et j'ai enlevé mes dessous. Aussitôt, Raël a sorti quelque chose de sa poche qu'il a déposé sur mon sexe ; je n'ai pas vu ce que c'était, mais les chiens, eux, ont vite compris et sont venus me lécher. Comme à mon habitude, mon esprit s'est instantanément dissocié de mon corps. Je voyais la scène se dérouler, mais je n'en faisais pas partie. J'entendais les voix du couple de Raëliens qui n'était pas loin, mais qui ne pouvait nous voir. Je n'étais plus dans mon corps, je n'étais plus nulle part, je n'étais plus rien, j'étais ailleurs, loin, si loin que je ne pouvais même plus être écœurée. Mais ça a été un choc, le pire moment de ma vie après celui que j'avais vécu dans le cabinet gynécologique du commissariat à mes quinze ans. Au point que lorsque nous sommes rentrés de la balade et que Raël a voulu me pénétrer, mon vagin s'était fermé et les rapports ont été impossibles pendant quelques jours. Je n'écoutais plus mon corps depuis des années, mais lui ne cessait pour autant de se manifester. Jusqu'à m'empêcher d'accomplir mon devoir d'Ange. Je ne l'écoutais pas malgré tout, je ne pouvais que le subir, lui en vouloir. Me haïr.

Et cela s'est produit plusieurs fois, sans que je ne puisse rien y faire. Ni même faire part à Raël de mon profond malaise. Je savais qu'il avait franchi une limite, une de plus, et j'avais remarqué que Raël ne faisait jamais rentrer les chiens chez lui. Cela se passait toujours dehors, dans le cadre d'une promenade, comme si de rien n'était. Je trouvais cela étrange, mais j'ai fini par en déduire qu'il ne voulait pas que ça se sache. Même si Raël n'avait aucune limite, il gardait sans doute un minimum de discernement pour envisager que la zoophilie risquait d'être mal perçue par le mouvement. J'ai compris qu'il était en mesure d'imaginer que cet acte sexuel pourrait répugner certains Raëliens, et même les questionner. À force de constater que ce qui se passait entre Raël et moi était de l'ordre du privé, et que les tortures qu'il m'imposait étaient des secrets, j'ai pris conscience que je n'étais pas qu'une Ange dévouée au mouvement et aux Elohim, j'étais d'abord et surtout l'esclave de Raël.

Maintenant, j'étais extralucide. Je savais que j'étais dans un engrenage qui n'aurait plus aucune issue positive, mais je n'avais aucune idée de comment en sortir. Parce que, malgré tout, l'amour que me donnaient les autres Raëliens me comblait et la vie avec eux au sein de la communauté à Sierre m'était agréable. J'aurais pu vivre éternellement dans ce faux paradis si Raël n'avait pas été ce qu'il était. Le quotidien était doux avec Céline et les autres. Nous avions de belles soirées, nous rigolions ensemble, il y avait toujours du monde de passage, des gens sympathiques et intéressants, j'étais à l'abri du besoin, je n'avais pas d'argent, mais j'étais extrêmement gâtée, j'existais, je me sentais appréciée, je faisais partie d'un groupe, tout était plaisant, il y avait juste une contrepartie. Il fallait supporter Raël et ses exigences sans limites. Et je les supportais parce que je n'en avais pas non plus. Aussi fou que cela puisse paraître, je restais par facilité. J'avais tellement été conditionnée à ne pas me respecter et à être dissociée de mon corps que je pouvais accepter la situation et finir par la trouver « facile ». Du moins, bien plus simple que de m'échapper et d'aller dans une zone inconnue qui m'avait toujours été très hostile : la société. D'avoir à tout recommencer avec des gens que je ne connaîtrais pas. J'avais pourtant essayé de construire quelque chose dans ma précédente vie à Villeurbanne, dans mon passage à l'armée, lors de mes diverses formations. J'avais voulu m'intégrer dans l'autre monde, mais ça avait toujours été très compliqué. Bien plus compliqué que ce que je vivais là, même si c'était insupportable. Ici, j'étais choyée malgré tout. Je n'avais à me soucier de rien, j'étais intégralement prise en charge. Et je n'étais pas une simple Raëlienne, j'étais une plume rose. J'aimais la considération, l'admiration et le respect que je lisais dans les yeux de n'importe quel membre du mouvement. Je décryptais continuellement le sous-texte et leur façon de penser : « Tu te rends compte de la chance que tu as ? Je t'envie. » Et puis, je ne voulais pas trahir le groupe. Parce que même si le prophète m'indisposait dans ses requêtes, je continuais de respecter le mouvement, les Elohim, persuadée que j'irais en enfer si je partais et ne remplissais pas ma mission.

Enfin, et c'était peut-être le plus important et le plus triste, ma position au sein du mouvement nous avait réconciliées, ma génitrice et moi. Toujours très impliquée, et désormais Plume blanche, lorsqu'elle venait lors de week-ends et qu'elle me voyait au bras du prophète ou qu'elle apercevait Raël m'embrasser publiquement et qu'elle était témoin de mon rang, ma génitrice était comblée. Je n'ai jamais lu autant de joie et de fierté dans le regard de cette femme que lorsque j'étais Ange cordon doré plume rose. En d'autres termes, j'avais gagné toute la considération de ma génitrice et j'avais enfin sa bénédiction maintenant que j'étais l'esclave sexuelle officielle de son prophète. Les gens pouvaient enfin la regarder et la considérer en la félicitant d'avoir mis au monde une telle élue.

Et j'ai vécu ainsi pendant cinq ans, telle une marionnette. Traitée comme un jouet qu'on aime, qu'on casse, qu'on abîme. À vivre entre ambivalence, paradoxes et malaises inavouables. Toujours contrainte, mais *consentante* et dévouée. Profondément démunie, mais reconnaissante. Malmenée et dans la gratitude à la fois. Mais au plus profond de moi, je sentais un certain épuisement se mettre en place, une sorte de saturation qui avançait sans bruit. J'en avais assez, cependant, je ne me le formulais pas clairement. Parce qu'en premier lieu, c'était de moi-même dont j'avais marre. Marre de moi-même et de mes états d'âme, de mon insatisfaction permanente. Alors, je parvenais à tenir le coup en me méprisant et me détestant chaque jour davantage. Quelque part, je savais que cette vie n'allait pas durer éternellement, mais j'attendais qu'un événement extérieur se produise et me permette d'en sortir. Je restais passive, à attendre, comme toujours. Attendre les directives de Raël et attendre une issue. Les quelques fois où je m'imaginais avoir le courage de partir et changer de vie, j'étais vite rattrapée par des limites matérielles. Je gérais la logistique du mouvement et le quotidien d'une dizaine de personnes, pourtant, j'étais incapable d'envisager une logistique de fuite. Je n'avais pas d'argent, je ne connaissais presque personne en dehors du mouvement, je n'avais aucun point de chute en France. Donc, rapidement, lorsque l'envie me prenait de songer à m'enfuir, j'étais rattrapée par le réel et je me rendais compte que j'étais coincée. Et j'avais fini par me résigner.

Jusqu'à ce samedi d'octobre 2007 où il a suffi d'une petite contrariété, finalement assez minime par rapport à tout ce que j'avais enduré, pour que le déclic se fasse. Le rictus moqueur d'une serveuse qui soudain, me permettait de laisser mon être profond s'exprimer. À chaque fois que je nous revois toutes attablées autour du prophète dans ce magnifique établissement et que j'aperçois la serveuse venir à nous avec ce petit sourire en coin, j'ai conscience de l'aspect invraisemblable de mon électrochoc. Totalement décalé par rapport à la vie que je venais de mener. Mais ce rictus, aussi insignifiant soit-il, c'était le vrai *moi* qui s'exprimait enfin. Ce *moi* que je faisais taire depuis tant d'années, mais qui me disait depuis toujours que quelque chose n'allait pas. Qui me laissait entendre qu'un truc dans ce mouvement n'était pas normal. Qui me susurrait, depuis l'âge de six ans, que Raël n'était pas aimable, que c'était un type malade et malsain. Qui me hurlait que ma génitrice était folle. Ce tout petit *moi* qui me suggérait que je méritais mieux que ça. Le rictus de la serveuse autorisait enfin mon ressenti le plus profond à crier sa vérité et à trouver un écho. Ce rictus aurait pu n'être qu'un détail lors de ce dîner, il aurait pu m'échapper comme sans doute des centaines de rictus m'avaient échappé par le passé, mais celui-ci a changé mon regard à tout jamais. Je ne pouvais plus rien y faire. Et comme je l'ai déjà raconté au début de mon récit, les choses se sont enchaînées dans la nuit. J'étais guidée par une force supérieure et je ne pouvais plus reculer. Je ne pouvais plus nier ce que mon être profond me demandait de faire. Je ne pouvais plus renoncer à mon instinct de survie.

J'avais 25 ans, je suis montée dans la voiture de Sylvain, équipée d'un sac à main et d'une brosse à dents, et j'ai quitté Sierre. Sans esclandre, sans cris, sans pleurs. Stoïque, déterminée, portée par mon besoin de survie. Je devais partir, pourtant, je n'avais aucune garantie de trouver mieux ailleurs. Sans savoir ce qu'était cet ailleurs. Je savais ce que je quittais sans la moindre idée de ce qui m'attendait. J'ai eu foi en la vie, d'une certaine manière. J'ai pensé que j'allais me débrouiller. En fait, je n'ai pas réfléchi à long terme, je ne pouvais que me projeter à très court terme, dans un flou opaque. Et à ce moment précis, la seule chose dont j'étais certaine, c'était que je ne reviendrais jamais. Même si je m'engouffrais sans le savoir dans un nouveau chaos et que ce moment ressemblait à un faux départ, l'essentiel était d'enclencher un mouvement vers autre chose. Changer de direction, modifier le cap. Dans mon élan, assise à côté de Sylvain, je me voyais déjà m'accrocher à cet homme au volant de la voiture, mais ça n'avait aucune importance. Je sentais tout mon être s'agripper à lui comme j'aurais pu le faire à n'importe qui d'autre à sa place, à la place du conducteur. Parce que cet homme, que je connaissais finalement à peine et qui venait me chercher, c'était mon sauveur. Désormais, c'était à lui que je devais tout. En tout cas, c'est de cette manière que j'ai posé les pieds dans ma nouvelle vie.

9

UNE PRISON RAFRAÎCHIE

Nous sommes arrivés chez le père de Sylvain. Un appartement très sobre à Lyon. Sobre par rapport à ce que j'avais connu à Sierre, mais tout à fait correct. Sylvain y occupait une chambre, ce qui lui permettait de mettre un peu de son salaire de chauffeur poids lourd de côté.

J'ai posé mes affaires, j'ai pris une douche et, au moment de me coucher, de façon naturelle et sans avoir à en discuter, je me suis glissée dans le lit de Sylvain. Il m'a embrassée et nous avons fait l'amour. Et la relation entre nous est partie comme cela. Le jour même. Pour moi, c'était normal : faire l'amour avec un homme ou un inconnu n'avait rien de spécial ou d'engageant. Pas plus que de partager un repas, d'aller au restaurant ou de se faire la bise. La seule chose que je trouvais très gênante, finalement, c'était qu'en tant qu'Ange plume rose, je trahissais le mouvement. Et ça, j'avais du mal à l'accepter. Mais l'acte sexuel en soi, j'en étais totalement détachée. De toute façon, je pensais n'être bonne qu'à ça, persuadée que c'était la seule chose qu'on attendait de moi et que je maîtrisais à la perfection. Dans le mouvement, comme ailleurs. Et je n'y attachais aucune importance psychologique ou émotionnelle puisque, depuis des années, je n'habitais jamais mon corps lors des rapports. Je m'étais construite de cette manière, à vivre et survivre à côté de moi.

Dans les jours qui ont suivi mon arrivée, pendant que Sylvain parcourait les routes de France avec son énorme camion, je me suis beaucoup promenée. Je tentais de m'acclimater à ma nouvelle vie, à la ville de Lyon. Et surtout, j'apprenais à être seule. Parce que je ne l'avais jamais été. Chez les Raëliens, j'étais toujours entourée, accompagnée, surveillée d'une certaine manière. On savait en permanence où me trouver et je devais constamment signaler mes moindres déplacements dans le village, ou d'une maison à l'autre, même d'une pièce à l'autre, puisque je devais rester physiquement joignable pour Raël à tout moment. Pour la première fois, je découvrais la sensation de marcher et de me déplacer sans avoir de comptes à rendre sur ma destination ou sur la durée de mon activité. C'était très curieux à vivre, déroutant, mais plutôt agréable. Je sentais ma cage thoracique se décomprimer et j'avais l'impression d'être à poil.

Je ne m'occupais à rien de spécial, j'étais uniquement soucieuse de tâcher d'exister normalement. J'observais la vie des autres. La vie de tous ceux que j'étais amenée à croiser en m'efforçant de faire comme eux. J'essayais de m'adapter et de m'intégrer à un milieu que je ne connaissais pas. À une société qui n'était pas la mienne et que j'avais totalement perdue de vue pendant cinq ans. Avec les Raëliens, nous vivions en autarcie, coupés de tout. Je devais désormais comprendre comment fonctionnait le reste du monde et m'y faire une place. Alors, je me promenais sans but, je regardais les gens, je rentrais dans des boutiques, j'essayais une paire de chaussures. Je voyais les prix sans être capable de dire si c'était cher ou pas, totalement déconnectée du réel et des questions matérielles.

Un soir, peu de temps après mon arrivée, nous sommes allés au restaurant avec des amis de Sylvain. Un couple sympathique avec qui j'ai pris plaisir à discuter. Au moment de payer l'addition, je me souviens que la petite amie en question nous a demandé si on faisait moitié-moitié. Je l'ai regardée sans comprendre, je pensais : « Moitié-moitié ?

Mais qu'est-ce qu'elle dit ? De quoi elle parle ? » Et pour la première fois, j'ai pris conscience, en état de choc, que je n'avais pas d'argent. Rien du tout. Pas un centime. Mes années à Sierre m'avaient déconnectée du système et du fonctionnement de la vie marchande, et surtout, j'avais oublié que j'étais pauvre. Je m'étais habituée à ce qu'on paye tout pour moi, à recevoir sans cesse des cadeaux, à vivre dans l'abondance en pensant que j'étais riche, sans jamais voir passer la moindre facture. Même pour les courses dont j'étais en charge pour les Raëliens, je faisais des listes, de très longues listes, mais je ne m'occupais pas d'aller les chercher et encore moins de les payer. Je n'avais jamais réglé une seule addition. Je n'avais pas besoin d'attendre de manquer de parfum, de déodorant ou de quoi que ce soit pour que mon stock soit remis à niveau, tout seul. La première fois que nous sommes allés au supermarché avec Sylvain pour faire des courses alimentaires, on en a eu pour cinq cents euros. Quand la caissière a annoncé le montant, j'ai cru que Sylvain allait faire un arrêt cardiaque. Je n'avais aucune notion de rien et étant donné mon mode de vie raëlien, j'étais dépensière, incapable de gérer un budget.

Cinq euros ou cinq cents, pour moi, c'était pareil, ça n'était rien, ça n'avait aucune valeur. Sylvain était très généreux et ne se plaignait de rien, mais il n'avait qu'un petit salaire et me demandait gentiment de faire attention. Malgré tout, dès qu'il me donnait un peu d'argent, j'allais tout dépenser. J'avais un train de vie de luxe, je vivais comme si j'étais Rothschild, alors que nous vivions à deux sur un SMIC.

Ainsi, j'apprivoisais le temps vide, la liberté soudaine et la valeur de l'argent, mais dans cette nouvelle vie qui m'était désormais offerte, ces grands moments de néant étaient aussi d'immenses occasions de repenser aux Raëliens. Ils occupaient beaucoup de place dans ma tête. Ils avaient fait partie de toute ma vie, j'avais grandi avec eux, je m'étais construite auprès d'eux. Pendant 25 ans, j'avais tout partagé avec les Raëliens. L'intégralité de mes souvenirs était en leur compagnie. Il aurait fallu faire un « *reset* » total de ma mémoire pour que je puisse ne plus y penser. Pour définitivement passer à autre chose et les oublier. Mais ça ne s'est pas passé comme ça, évidemment. Ce n'était pas possible. Et je n'avais personne, comme à mon habitude, avec qui je pouvais en parler. J'étais seule, à nouveau, face à une situation qui me dépassait. Un vécu, mon propre vécu, qui m'était devenu indomptable. C'est d'ailleurs peu de temps après mon arrivée à Lyon que je suis tombée sur l'émission *Ciel mon mardi* de 1992, présentée par Christophe Dechavanne. Je ne l'avais jamais vue auparavant. Je ne savais même pas qu'elle avait eu lieu ! C'est en faisant quelques recherches sur Raël, ici et là, de temps à autre, de façon faussement détachée, dans tout ce temps libre qui m'était offert, que je suis tombée sur l'archive. Et j'ai eu un choc. J'ai soudain compris l'accueil qu'on m'avait réservé à l'école dès le lendemain de la diffusion de l'émission. Un accueil effroyable auquel je n'avais rien saisi à l'époque, puisqu'on ne m'avait rien expliqué, mais qui m'avait bouleversée.

Avec le recul, depuis ma nouvelle vie à Lyon, je me disais que j'aurais aimé avoir accès à cette vidéo plus tôt. Peut-être cela m'aurait-il aidée à écourter mon passage chez les Raëliens ? Peut-être cela m'aurait-il permis de retourner ma veste plus rapidement et de changer d'alliés ? Parce que j'avais des alliés dont j'ignorais l'existence. Peut-être mon destin aurait-il été tout autre ? Peut-être pas... En effet, ce témoignage de Jean Parraga me confortait dans ma décision d'être partie ; à la fois, quelque chose en moi continuait de penser que lui comme moi étions peut-être des traîtres. Après vingt-cinq années dictées par de nombreuses croyances au sujet des Elohim et de notre dévotion, j'avais du mal à soudain tout balayer d'un revers de la main. Le poison n'était pas seulement implanté à Sierre, dans l'esprit de Raël, celui de ma mère et dans les familles raëliennes, il était aussi en moi. Il était dans mon crâne. Au plus profond de mon être, de mon âme, de mes valeurs. Dans mon cœur. Il coulait dans mon sang. C'était aussi devenu une part de mon identité. Même si je voulais la supprimer, c'était une partie de moi dont je devais me débarrasser, sans savoir comment m'y prendre. Sans même pouvoir envisager que ce soit possible.

Au fil de mes recherches, je découvrais de temps en temps des documents concernant le mouvement. Des articles de journaux, des interviews, des prises de parole. La plupart du temps, ce que je lisais me rassurait et me confirmait que j'étais sur la bonne voie et désormais du bon côté de l'histoire. Cela m'aidait à avancer. De nombreux articles nommaient directement les choses et parlaient de mouvement sectaire, de dérive, de folie, d'idéologie douteuse, et qualifiaient Raël de type malhonnête, de fou, de névrosé, de psychotique. Comme dans cet article paru dans un journal suisse en 2007, alors que je vivais encore à Sierre à l'époque, qui titrait que Raël était devenu « *persona non grata* » dans le village de Miège. L'article invoquait des motifs liés à l'ordre public et à la protection morale qui avaient poussé le canton du Valais, situé au sud de la Suisse, à rejeter une demande d'autorisation de Raël à s'établir dans la région. Le propriétaire du vignoble La Cave du Verseau avait demandé une autorisation pour que Raël s'y installe et puisse promouvoir les vins de son domaine à l'étranger, mais les autorités valaisannes avaient estimé qu'il était de leur responsabilité de « ne pas favoriser la propagation des messages contraires à l'ordre public suisse et à la protection morale ». Lorsque j'ai compris que ces décisions de justice avaient été prises pendant que, pour ma part, j'ignorais tout du monde extérieur en vivant aux côtés du prophète, cela m'a laissée sans voix. Comme si je sortais d'un long coma. Une absence qui avait presque duré une vie. J'avais été bernée jusqu'à mes vingt-cinq ans et je me sentais stupide de ne pas avoir été en mesure de m'informer davantage. De partir plus tôt. Et finalement, cela créait un sentiment de mépris envers moi-même. Je me détestais et me maudissais.

Dans cette même veine de papiers engagés dénonçant les pratiques de Raël, je pouvais découvrir un nombre incalculable de choses accablantes, un peu partout, en libre accès. Les titres, les extraits, les mots me réconfortaient autant qu'ils me frappaient comme des gifles. « Le mouvement raëlien perd à nouveau un procès contre le quotidien *La Liberté* », « La secte de Raël condamnée », « Avril 2005 : le quotidien fribourgeois a révélé que le mouvement raëlien se cachait derrière des *cafés féminité* organisés dans un restaurant de Lausanne », « La soumission sexuelle était au centre des principes prônés par Raël », « Les dérives idéologiques directement prouvées par la littérature raëlienne elle-même », « La secte prône théoriquement dans ses écrits l'inceste et la pédophilie », « Les Anges sont de belles femmes adeptes de la secte appelées à se mettre au service du prophète, sexuellement », « Deux membres de la secte condamnés à Carpentras pour agression sexuelle contre une fillette de douze ans », etc., etc. Tout était dit, écrit, décrit, partout. Dans des quotidiens du monde entier. Pour autant, je constatais, étonnée et démunie, qu'il ne se passait rien de concret pour réellement freiner Raël dans ses délires. Pour le stopper net. Pour l'arrêter. Malgré toutes ces attaques publiques qui étaient largement relayées, Raël continuait de vivre paisiblement dans les vignes près de Sierre et aucune véritable démarche n'avait l'air enclenché pour mettre ce bourreau derrière les barreaux. Parce que désormais, je pouvais commencer à nommer les choses. Dans ma tête, je pouvais maintenant apposer à côté du nom de Raël celui de criminel.

Une nouvelle façon de voir les choses, encouragée et confortée par le reste de la société, se mettait doucement en place dans mon esprit et m'accompagnait dans ce nouveau départ. Cela me rendait plus forte et déterminée. Même si, en parallèle de ces découvertes et de mes convictions, parfois aussi, je tombais sur des messages à l'opposé de tout ça. Des messages pleins d'amour que diffusaient les

Raëliens sur Internet ici et là. Cela venait me challenger et me rappeler que le mouvement avait aussi été pour moi un cocon. Un lieu de paix et de joie. La sécurité qu'il m'apportait me manquait cruellement. Et d'autres fois, c'étaient des Raëliens qui m'envoyaient directement des messages sur le téléphone ou tentaient de m'appeler. Je n'avais pas changer de numéro. Dans leurs diverses prises de contact, aucun Raëlien ne montrait le moindre soupçon de colère ou ne cherchait à me faire culpabiliser, ça n'était que des messages d'amour et de paix pour me dire que je pouvais revenir vers eux à tout moment si je le souhaitais. Ils me rappelaient, innocemment, que leur porte me serait toujours ouverte. Ils me témoignaient leur soutien, comprenaient ma déroute et ajoutaient qu'ils étaient là si j'en éprouvais le besoin. Qu'ils seraient toujours présents. Que personne ne me jugerait ou ne m'en voudrait. Qu'aucun d'entre eux ne se permettrait le moindre reproche. Alors parfois, c'était tentant. Ces messages dispersés dans le temps venaient me confronter à ma nouvelle vie, remettaient tout en question et accentuaient tout ce qui était compliqué pour moi dans ce nouveau départ. Le sentiment de solitude, le manque de repères, le manque tout simplement. Leurs messages me rappelaient ce que j'avais quitté. Quelque chose de plus complexe que le mal d'un côté et le bien de l'autre. Je repensais à toutes les personnes du mouvement qui, pour la plupart, avait bon fond et ne voulait faire de mal à personne. Les Anges notamment, c'était avant tout mes copines. Pour certaines, des amies de toujours. Des filles avec qui j'avais lié une relation très forte. Même Céline, malgré son statut d'épouse officielle de Raël, c'était mon amie. Elle me manquait. Sa douceur me manquait. Nous faisions équipe toutes les deux ; désormais, j'étais seule. Je ne racontais rien de ma vie passée à Sylvain ni à personne, parce que c'était impossible à expliquer : je n'avais pas les mots ni les idées bien en place pour me le raconter à moi-même, alors comment présenter les choses à qui que ce soit ? J'étais intimement convaincue que ni Sylvain ni personne ne pourrait comprendre.

Et c'est dans ce paradoxe continu et solitaire que je tentais de m'acclimater à ma nouvelle vie à Lyon. Tiraillée par des pensées opposées, contradictoires, qui se battaient dans ma tête et ne me laissaient pas beaucoup de repos. Alors pour avancer, calmer les souffrances et limiter les tergiversations, j'essayais de m'ancrer le plus possible dans la vie, dans la réalité de la vie. Et au fil des semaines, j'apprenais à me jeter corps et âme dans mon quotidien aux côtés de Sylvain, pour ne plus pouvoir retourner en arrière.

C'est ainsi qu'à peine trois mois après mon arrivée à Lyon, Sylvain et moi avons décidé d'emménager ensemble et de faire un bébé. Et la vie avait décidé d'être de notre côté, puisque quelques jours plus tard, je tombais enceinte. Sylvain, de six ans mon aîné, était très heureux de la nouvelle. De mon côté, les choses étaient un peu moins évidentes, mais inconsciemment, je savais qu'avec un enfant, Sylvain ne pourrait pas m'abandonner facilement. C'était moins clair dans ma tête que ma façon de le dire aujourd'hui, mais je sentais que j'avais besoin de m'ancrer à Lyon et avec lui, de manière solide. Cet enfant, c'était mon garant de sécurité. Et sans m'en rendre compte, je me suis tranquillement menottée toute seule à cet homme, je me suis attaché des boulets aux pieds et j'ai fermé la porte de ma nouvelle prison à triple tour, de mon plein gré. Incapable de vivre autrement ni de me sentir confortable si je ne m'enfermais pas dans des obligations et des contraintes. Me jeter dans une prison pour éviter de m'échapper et retourner dans une autre. Et dans cet élan, dans cette logique, j'ai passé les neuf mois suivants à ne m'occuper que de l'arrivée du bébé. J'étais focalisée sur ma grossesse, de façon presque obsessionnelle. Rien d'autre n'avait d'importance, je ne parlais que de ça, je ne m'impliquais que dans ça, je ne m'intéressais qu'à ça. L'alimentation à surveiller, la chambre du bébé à préparer, les jouets et les habits à acheter... La seule chose qui a été compliquée, ça a été les rendez-vous avec ma gynécologue obstétrique. J'avais été traumatisée par mon expérience au commissariat, alors dès qu'il s'agissait de reprendre une position similaire, je paniquais. D'ailleurs, en dehors de ces suivis obligatoires, je n'ai jamais été en mesure de retourner chez un gynécologue.

Très rapidement, dans ma vie de couple, je me suis mise à mener exactement la même routine que celle que j'avais avec Raël. Un bébé dans le ventre en plus, les maltraitances sexuelles en moins. Je faisais le ménage, l'intendance, la cuisine. J'étais une très bonne femme au foyer, très à l'aise dans cette fonction de femme d'intérieur, et parfois, je couchais avec Sylvain. Faire l'amour avec lui devenait de plus en plus compliqué pour moi, mais je parvenais à faire le minimum requis et m'abstenais de toute extravagance. Par exemple, j'étais désormais incapable de faire une fellation. Malgré tout, Sylvain se montrait compréhensif et semblait trouver son compte dans notre mode de fonctionnement.

Mais un jour, le mauvais sort s'en est mêlé. Sylvain était sur l'ordinateur de la maison et il est tombé sur d'anciens échanges de mails entre Raël et moi. À l'époque où je vivais à Sierre, et même avant, nous communiquions beaucoup par mails pour l'organisation de la structure, les déplacements, la mise en place des réunions. Comme dans n'importe quelle entreprise, c'était notre moyen de communication privilégié. Et j'avais des centaines de mails de Raël que je n'avais jamais eu l'idée d'effacer. Dans nos messages, il y avait énormément d'allusions sexuelles, pas que des allusions d'ailleurs. Des messages très explicites et très crus. Sylvain, avec qui je n'avais jamais souhaité parler de ma vie auprès de Raël dans les détails et qui respectait cela, a découvert les mails avec stupeur. Jusque-là, il avait pensé que j'étais une victime d'une façon très binaire et caricaturale, et il ne pouvait pas saisir toutes les subtilités de ma situation, puisque je ne les lui avais pas expliquées. Il n'était pas en mesure de comprendre ce qu'était l'emprise dans laquelle j'avais grandi et le contrôle qu'on avait eu sur l'intégralité de ma vie. Et je ne lui en voulais pas, mais Sylvain, qui auparavant me percevait comme une femme légèrement empruntée pour toutes les questions d'ordre sexuel, découvrait soudain ce qu'il y avait derrière cette attitude. Alors, en apprenant ce qu'était ma vie antérieure, très portée sur la chose, Sylvain a eu un choc. Et il a vécu ces révélations comme une trahison. Pire, Sylvain ne comprenait pas pourquoi j'étais sexuellement si différente avec lui, radicalement opposée de ce qu'il découvrait dans les mails. Et, selon son interprétation, ça ne pouvait être qu'un manque d'amour de ma part. Ça a été le début de la fin de notre relation. Sylvain est rapidement devenu un homme malheureux tant il se sentait rejeté. C'était compliqué pour lui, impossible même, n'ayant pas vécu ce que j'avais vécu, de comprendre comment j'en étais arrivée là. De concevoir le décalage de vie. L'avant et l'après de mon existence. À aucun moment, Sylvain n'a voulu entendre la question de l'emprise dont j'avais été victime. Rien de tout cela n'était concevable pour lui. La seule explication, selon lui, c'était que je ne l'aimais pas autant que j'avais aimé Raël.

Ce raccourci me rendait folle, hystérique. Parce que c'était ne rien comprendre à ma vie, à mes choix, à ce que j'essayais de devenir. Même si je pouvais envisager à quel point, pour Sylvain, ces mails avaient été des balles tirées en plein cœur. Mon passé était laid, lourd, glauque, et en m'aimant, en vivant avec moi, Sylvain devait aussi vivre avec mes casseroles. En me choisissant, il avait aussi accepté de vivre avec cette moitié de moi que je détestais au moins autant que lui. Il devait accepter l'inacceptable, en quelque sorte ; c'est ce que j'attendais de lui. Et j'espérais de toutes mes forces qu'il parvienne à dépasser ce dégoût qu'il éprouvait à mon égard. Oublier ces mails qu'il avait vécus comme une trahison. Parce qu'il n'était pas question de trahison ; si je ne lui avais jamais rien expliqué au sujet de ma vie passée, ça n'était pas un choix délibéré et calculé de ma part, c'est tout simplement que j'en étais incapable.

Dans ce climat de tensions et d'incompréhensions mutuelles, mon fils est né. Aussitôt, je n'ai eu d'yeux que pour lui. Dès son arrivée sur Terre, je me suis totalement consacrée à lui, de manière excessive et obsessionnelle, là encore. Je ne m'occupais que de lui et de la maison. Et en parallèle, je tentais de gérer les disputes avec Sylvain qui se multipliaient. La découverte des mails avait définitivement détruit quelque chose et rien ne semblait pouvoir le réparer. J'espérais qu'avec le temps, les choses finiraient par rentrer dans l'ordre, par s'adoucir. Que par amour, Sylvain me pardonnerait mon histoire. Que l'arrivée de notre fils nous permettrait de passer le cap. Que nous pourrions vivre ensemble tous les trois d'une manière plus sereine. Parce que, malgré toutes les horreurs et déconvenues que j'avais pu subir auprès de Raël, je n'avais jamais été confrontée à la violence, aux cris, ni à la colère. Chez les Raëliens, personne ne s'énervait jamais. Personne ne haussait le ton, ne criait ou ne perdait ses moyens. Je n'avais jamais ressenti autant de haine et de ressentiment à mon encontre et je ne savais pas comment les gérer. Encore moins comment les arrêter. Lorsque Sylvain était dépassé par ses émotions, je ne parvenais pas à l'aider. Pire, j'avais l'impression que toutes mes tentatives d'apaisement ne faisaient qu'empirer les choses. Mais au plus profond de moi, j'avais l'espoir qu'un jour, on parvienne à surmonter l'insurmontable. Je me disais même : « Cela nous rendra tellement forts. » Et dans cette logique, j'ai laissé la vie de famille s'installer. Et même s'agrandir. Lorsque mon fils a eu trois ans, je suis tombée à nouveau enceinte. Et j'ai accueilli ma fille dans les mêmes conditions, toujours persuadée que le pire était derrière moi et que, d'une manière ou d'une autre, par la force des choses, Sylvain finirait par accepter et le quotidien par s'arranger.

Mais peu de temps après la naissance de ma fille, j'ai été rattrapée par des angoisses auxquelles je ne m'attendais pas. Voyant mes enfants grandir, j'ai soudain été terrorisée à l'idée de devoir les confier à qui que ce soit. Le temps d'une journée, d'une soirée, ou même d'une heure. Mon fils était en petite section de maternelle et il était impensable qu'en dehors de l'école, quelqu'un d'autre que moi s'en occupe. Nounou, baby-sitter, crèche à domicile, c'était hors de question. Inenvisageable ! Je ne m'en rendais pas compte de manière consciente, mais depuis mon départ du mouvement, j'avais tendance à imaginer le mal partout. Je vivais dans une peur constante, une menace permanente. Je n'avais confiance en absolument rien ni personne. Je me créais sans cesse des scénarios catastrophes et craignais que l'on se venge de moi. J'étais parano et voyais le mal partout, capable de surgir à tout instant. À aucun moment, je n'ai eu peur que des Raëliens me veuillent du mal, ça n'était pas la philosophie du mouvement, mais le fait d'avoir quitté le groupe me laissait imaginer que j'allais finir en enfer et que des choses terribles pouvaient m'arriver. De nombreuses fois, alors que j'étais dans le bus avec ma fille en poussette, j'imaginais que quelqu'un allait débouler de nulle part pour la massacrer. J'avais peur que la vie éternelle et le paradis dont j'allais être privée maintenant que j'avais quitté le mouvement ne se transforment en enfer sur Terre. Que la vie me punisse telle une mécréante et envoie des gens pour tuer mes enfants. Tout me terrorisait.

En parallèle de mes angoisses que j'avais de plus en plus de mal à gérer, nos conditions de vie à la maison devenaient assez moyennes. Maintenant que nous étions quatre personnes à vivre sur le petit salaire de Sylvain, les choses étaient plus compliquées. J'ai alors cherché un moyen de gagner de l'argent sans quitter mes enfants des yeux. J'ai longuement réfléchi à toutes mes options, et il n'y en avait pas cinquante qui s'offraient à moi. Mais un jour, j'ai eu l'idée de devenir assistante maternelle à domicile. Le métier me permettait d'avoir beaucoup de temps libre avec mes enfants, de vivre au même rythme qu'eux et de facilement pouvoir m'en occuper s'ils étaient malades ou en vacances scolaires. J'ai alors monté un dossier et suivi une formation. Après cela, une puéricultrice est venue inspecter mon appartement, les conditions d'hygiène et de sécurité, et très vite, j'ai obtenu un agrément pour garder des enfants chez moi. J'ai mis une annonce dans le quartier et quelques semaines plus tard, j'avais une demi-douzaine d'enfants à la maison pendant la journée. Il me semblait que c'était l'équilibre parfait. On gagnait plus d'argent, j'étais occupée, mes enfants étaient sous ma surveillance permanente et j'appréciais aussi de m'occuper de ceux des autres. Et malgré les disputes avec Sylvain, j'ai cru que je tenais mon cap.

J'ai vécu ainsi quelque temps, trois ans environ, dans ce quotidien de jeune maman, avec un travail sur mesure, un conjoint, deux beaux enfants et un semblant de normalité. Mais à l'intérieur de moi, c'était une autre histoire. C'était le chaos. J'étais sans arrêt rattrapée par mes démons, persécutée par des idées noires et des flashs traumatisants. J'étais convaincue de ne pas vouloir retourner dans le mouvement, mais tous les jours je pensais aux Raëliens et à ma vie parmi eux. Chaque jour, sans exception. Je pensais à eux comme à une partie de moi perdue quelque part dans l'univers. Leur amour me manquait, leur mode de vie paisible et insouciant aussi. À la fois, toujours entre deux opposés, je me sentais salie, détruite et pas normale. Je me détestais. Je vivais tout le temps avec l'étrange sensation de me mentir à moi-même, d'être dans quelque chose de faux. J'avais l'impression de porter un masque tellement épais que je me disais que les gens devaient faire semblant eux aussi. Ils devaient se forcer pour ne pas me dire à quel point mon masque était visible, grotesque. Au fond, tout le monde devait savoir que je n'étais qu'un mensonge. Qu'un artifice. Ça devait se voir ! Parce que moi, je savais que je n'étais pas dans la norme, que quelque chose ne tournait pas rond dans ma tête, que je faisais semblant de tout, constamment, même si j'essayais sans relâche d'être naturelle et de faire comme si tout allait bien.

J'étais esseulée, sans suivi psychologique, sans personne à qui me confier. À qui pourrais-je raconter mon histoire et qui allait comprendre ? Qui serait en mesure de l'entendre ? Juste ça. Entendre mon vécu sans le juger. Parce que si d'aventure, je confiais mon histoire à la mauvaise personne et me retrouvais jugée à nouveau, par quelqu'un d'autre que moi ou Sylvain, pourrais-je le surmonter ? Le risque d'y laisser trop de plumes me semblait bien plus grand que celui de continuer de gérer seule. À ma manière.

J'étais hantée au quotidien par des images d'horreur, j'avais peur de tout, et je pleurais à longueur de journée. Sans raison précise, je craquais à tout moment. Et un état dépressif prenait petit à petit le dessus sur moi. J'avais beau lutter, je pouvais rester des journées entières dans le lit, enfermée dans le noir, incapable de faire autrement. Presque incapable d'ouvrir les yeux, même dans l'obscurité. Je cumulais les crises d'angoisse et les attaques de panique. J'étais submergée par la culpabilité et la honte. J'étais constamment en train de me battre, de me forcer, dans une lutte sans fin. Et à force de batailler avec le quotidien, je constatais petit à petit que j'étais de moins en moins en état de réussir à faire semblant. Cela me demandait un trop gros effort et nécessitait une énergie que je n'avais plus. La réalité me rattrapait au galop. Mon extralucidité, avec laquelle j'avais lutté pendant des années, me prenait cette fois à mon propre jeu. Je ne pouvais plus lui échapper. Le mouvement raëlien était un piège qui m'avait anéantie, détruite, mais quelque chose de plus fort que moi m'empêchait toujours de m'en extraire totalement et de passer à autre chose. Je voulais tourner la page, je savais que je devais le faire, c'était une question de vie ou de mort, mais j'étais sans arrêt empêchée, poursuivie, tentée. Et avec Sylvain, c'était de plus en plus compliqué et les disputes n'en finissaient pas. C'était compliqué pour lui aussi, j'en avais bien conscience. J'étais dans un état tellement particulier que j'en devenais invivable. J'avais beaucoup de sautes d'humeur, je me rendais compte que j'étais difficile à vivre, mais je ne pouvais rien y faire. J'étais profondément instable et malheureuse. Sans ressources. Au point que je n'avais plus aucun rapport sexuel avec lui, plus aucune vie sociale en-dehors de mes gardes à la maison, et un jour, j'ai croisé mon reflet dans le miroir et j'ai vu un cadavre. Je faisais de l'anorexie sans en avoir conscience. Je n'écoutais toujours pas mon corps qui, lui, était en train de se laisser mourir. Lorsque j'ai vu l'enveloppe chétive que j'étais devenue, j'ai demandé à Sylvain de l'aide. J'ai senti que mon corps me lâchait, que j'étais en *burn-out* et que seule, cette fois, je n'allais pas y arriver. Je lui ai dit : « Sylvain, j'ai envie de mourir, mais je ne vais pas réussir à me suicider, aide-moi. Interne-moi. » Et de mon plein gré, je suis partie en hôpital psychiatrique, laissant tout derrière moi. Je n'avais pas d'autre choix.

Je ne me rappelle pas mon arrivée à l'hôpital Saint-Jean-de-Dieu, car pendant les premières semaines de mon hospitalisation, j'ai dormi. Sans arrêt. On me donnait énormément de médicaments et je ne me réveillais que pour les avaler. J'étais incapable de rester debout, je ne pouvais que dormir, et dormir encore. Comme si je ne parvenais jamais à me sentir reposée, je replongeais dans le sommeil. Un sommeil sans fin. Une sorte de très long coma. Au bout de quelques semaines, je pouvais rester éveillée plusieurs heures, le temps de comprendre que j'étais entourée d'autres patients dont les pathologies mentales étaient sévères, et je me rendormais. Rien n'allait pour moi. Soit je dormais d'un sommeil lourd et pâteux, soit j'étais entourée de fous. Je me demandais ce que je faisais là, sans autre possibilité que d'y rester. Avec la peur de devenir comme eux. Et une peur encore plus grande de rentrer chez moi. J'en avais envie, seulement, je ne m'en sentais pas capable. J'étais plus terrifiée par mon retour à la maison qu'à l'idée de rester parmi les dingues. Car, malgré tout, à l'hôpital, je n'avais aucune intendance à gérer. Aucune charge mentale. J'étais prise en charge de A à Z. On me lavait, on me nourrissait, on m'habillait, on me donnait mon traitement, on s'occupait de moi, je n'avais pas à réfléchir à quoi que ce soit. Je n'avais aucune responsabilité. J'étais portée.

Après deux mois et demi de prise en charge intégrale, j'ai décidé de retourner chez moi pour retrouver mes enfants que je n'avais pas vus pendant toute la durée de mon hospitalisation et pour lesquels je ne m'étais même pas inquiétée tant je n'étais pas en état de penser. Ni à moi ni à personne. J'étais ailleurs, j'étais devenue mon ombre, une sorte de légume anesthésié et les médicaments avaient sur moi un effet puissant qui me laissait en totale léthargie. J'avais l'impression que je ne pouvais plus réfléchir, que mon cerveau n'était plus accessible. Alors une fois chez moi, à moitié abrutie, j'ai continué mon suivi psychiatrique dans un hôpital de jour. On venait me chercher le matin en ambulance et on me ramenait le soir. Et j'appréciais à nouveau d'être prise en charge. Je gérais l'intendance de la maison, un peu de ménage et quelques repas, mais en journée, on s'occupait de moi. Dans cet hôpital, avec un rythme en alternance, en quelques mois, j'ai réussi à m'apaiser. Il y avait des ateliers, un suivi psychologique qui me convenait davantage. Je me sentais revenir à la vie et renaître. Ou du moins retrouver certaines de mes facultés et un peu de discernement. Au point d'être en mesure de retourner chez moi à temps plein. Je n'étais pas capable de reprendre mon travail de garde d'enfants à domicile, je me contentais de gérer les miens et notre maison. Mais peu de temps après, j'ai été rattrapée par de fortes angoisses inextricables et j'ai rechuté. Je me sentais à nouveau inapte à la vie de famille, incapable de reprendre un travail et de fréquenter le monde extérieur. Je n'ai pas laissé cet état prendre le dessus trop longtemps, j'ai rapidement demandé à ce qu'on m'interne à nouveau. Et j'ai fonctionné de cette manière pendant plusieurs années, jusqu'en 2019. À coups d'aller-retour en hôpital psychiatrique, puis en hôpital de jour. Je ne parvenais pas à trouver le bon équilibre ni le bon traitement, et je me sentais fragile et perdue dès que j'étais à nouveau seule, sans encadrement psychiatrique.

Après un nombre incalculable de tentatives de vie normale, les choses n'allaient plus du tout avec Sylvain, on ne faisait que se disputer, se crier dessus, se rendre la vie impossible. Avec mes séjours à l'hôpital, tout était devenu très difficile à vivre pour lui puisque, lorsque je partais, il devait tout gérer. Il s'absentait fréquemment de son travail pour s'occuper des enfants et il ne s'en sortait pas. Je m'en voulais de ne pas être à la hauteur de l'enjeu et je comprenais que je n'étais qu'un poids dans la vie de Sylvain. Mais j'étais incapable de l'aider et pire, je ne pouvais pas vraiment m'intéresser à l'intendance de la vie de famille. Toutes ces questions-là me passaient au-dessus, tant j'étais anéantie et absorbée par mes lourdes problématiques intérieures.

Pour tenir le cap et ne pas rester sans occupation à broyer toujours plus de noir, j'avais repris un travail de serveuse dans une galerie marchande en bas de chez moi. Ça me demandait peu de responsabilités, ce qui me convenait parfaitement. Je voyais un peu de monde sans que cela m'oppresse. J'appréciais mes échanges respectueux avec les clients, un en particulier. Un client qui venait souvent, Paul. Je l'aimais bien. Il venait déjeuner et, entre deux plats, nous parlions de choses et d'autres. Un jour, j'étais en train de préparer la salle du restaurant et un livreur est venu m'apporter un immense bouquet de fleurs. Vingt-cinq roses rouges magnifiques, de la part de Paul. Avec un petit mot, il me confiait son amour, son coup de foudre. J'ai trouvé cette déclaration magnifique, c'était la première fois de ma vie que quelqu'un cherchait à me séduire dans les règles de l'art. Et j'ai été séduite. Paul et moi nous sommes revus en dehors du restaurant et rapidement, nous avons entamé une relation extraconjugale. Nos moments ensemble et nos échanges me faisaient du bien. Je découvrais un peu, et pour la première fois, ce qu'était une attirance partagée. C'était très agréable. D'une certaine manière, Paul me réconciliait avec une partie de mon désir. Une partie seulement. Et en parallèle, avec Sylvain, les choses ne faisaient que se dégrader. Cela devenait trop violent entre nous, alors, après une nouvelle dispute, celle de trop, j'ai pris mes affaires et j'ai décidé de le quitter et de lui confier les enfants. Je n'avais nulle part où aller. J'étais à nouveau seule, avec un petit sac, perdue dans la nature. Et soudain, j'ai pensé à une copine : Sara. Elle s'occupait de ma manucure dans un salon de beauté près de chez moi, et on s'entendait bien. Sans réfléchir, je lui ai téléphoné en catastrophe. Et gentiment, elle m'a accueillie chez elle.

Les semaines suivantes, j'ai alterné. J'allais dormir chez Sara et chez mon nouvel amoureux, Paul. Je ne revoyais ni Sylvain ni les enfants, je cherchais désespérément à survivre. J'étais dans un équilibre très précaire et compliqué, je ne voulais pas retourner à l'hôpital, alors je m'accrochais à ce que je pouvais. Des détails, des petits moments que je volais ici et là. J'ai préféré arrêter mon travail au restaurant et me mettre en arrêt maladie plutôt que de tenter le diable et à nouveau être surmenée. Je devais garder précieusement le peu d'énergie qu'il me restait pour tenir et sortir de cette longue impasse. Avoir la force, par exemple, de monter un dossier pour obtenir une aide adulte handicapé et que mon état *borderline* m'offre une allocation. Le temps de me retourner. Pouvoir aussi me rendre chez un assistant social et y faire une demande de HLM. Heureusement, mes requêtes m'ont été rapidement accordées. Et c'est sans doute cette possibilité de logement et ce petit revenu alloué pour une durée de deux ans qui m'ont sauvé la vie. Je n'aurais jamais pu tenir longtemps en allant à droite à gauche, sans ancrage.

Désormais, j'avais un appartement à moi, rien que pour moi et je ne dépendais de personne. Je n'avais rien à faire en contrepartie. Cela m'a réellement permis de me sentir plus stable, et de m'ancrer. J'ai quitté Paul peu de temps après. Il avait joué son rôle de béquille et de transition, mais je ne pouvais pas me projeter davantage avec lui. J'ai aussi très vite pu mettre en place une garde alternée avec Sylvain ; les enfants venaient une semaine sur deux à la maison. Malgré tout, ce nouvel équilibre mélangé à toute ma bonne volonté ne m'a pas empêchée de retourner faire quelques séjours à l'hôpital. C'était ma façon de m'accorder des pauses, des petites vacances. Une sorte de refuge accessible à tout moment. Mais à force d'y faire appel, je sentais que l'hôpital ne m'apportait plus autant de bénéfice qu'avant. Ma vie était toujours un chaos sans nom et je me sentais instable, mais pour la première fois, je savais que j'étais autonome. Je ne dépendais d'aucun homme. Je vivais sur un fil ; de temps en temps, je rechutais, mais j'étais indépendante. Et après un énième internement à ma demande, lorsque je suis sortie de l'hôpital, soudain, j'ai eu comme un déclic. Une sorte de ras-le-bol de ce système qui s'était mis en place. Je me souviens d'avoir pensé : « Ce n'est pas pour moi, faut que j'arrête, ça y est, c'est fini. » J'ai stoppé de façon radicale les médicaments et ce cycle infernal dans lequel je me trouvais. Ça s'est fait naturellement, presque sans efforts. Et sans que je puisse l'expliquer, j'ai eu la sensation que j'étais prête à changer de vie. J'ai senti que j'étais en mesure de sortir de cette boucle infernale qui ne me menait nulle part. J'étais capable de bouger et de modifier le cours des choses. D'essayer, en tout cas. J'ai pris conscience de mon pouvoir sur la vie. Je savais que cela resterait compliqué, aléatoire, toutefois, je me sentais apte à tenter de l'affronter, seule. Pour la première fois, seule. Et bizarrement, c'était plutôt rassurant d'être enfin *seule*.

10

TENIR BON, TOUJOURS ALLER DE L'AVANT !

Mon nouveau quotidien s'est mis en place de façon assez fluide et sans que j'aie à violemment batailler pour tout ce qui concernait la logistique. Je continuais un suivi psychologique chez un spécialiste à raison d'une fois par semaine. Un rythme classique, comme le font finalement la plupart des gens. J'apprivoisais mon appartement en HLM proche de Lyon et réussissais à m'y sentir chez moi. Je gardais mes enfants une semaine sur deux tout en parvenant à engranger un salaire convenable à travers des missions de serveuse ou de femme de ménage. Parfois, je profitais de courtes périodes de chômage qui me permettaient de souffler. Et je prenais conscience que, sur le papier, j'avais désormais la vie de beaucoup de femmes. Une vie de maman solo quarantenaire, avec les galères que cela représente, mais avec ses joies aussi. J'ai appris à être seule, jour après jour, et j'ai remarqué que ma solitude était devenue un besoin. Sans que ça soit un poids ou quelque chose de difficile à gérer. Ces moments sans personne s'étaient même transformés en un lieu de repos qui me permettait de me ressourcer et de me retrouver. Parce que le reste du temps, je dépensais beaucoup d'énergie pour être dans une adaptation constante à la société. Cela me demandait un effort permanent. Seule, je trouvais du répit.

J'ai également pu reprendre une relation assez stable avec mon père. Il s'est séparé de ma génitrice lorsque mon petit frère a atteint sa majorité et cela m'a permis de me rapprocher de lui à nouveau. Je ne lui en ai jamais voulu de rien, j'ai toujours su qu'il faisait de son mieux et que lui aussi s'était retrouvé impuissant face au fanatisme de ma génitrice. Mon père et moi avons repris notre relation là où nous l'avions laissée. Là encore, c'est le lot de beaucoup de personnes, d'avoir un lien compliqué et distendu avec les parents. Une relation hachurée dans le temps. Mais passer de bons moments avec mon père, cela a toujours été salvateur. Je le considère comme un repère, mon seul repère, et je suis très attachée à maintenir ce lien avec lui. De temps en temps, nous allons prendre une bière tous les deux à Lyon, et nous nous parlons de nos vies.

Et très régulièrement, nous nous téléphonons pour échanger des nouvelles.

Quand je réfléchis à d'où je viens et à tout ce que j'ai traversé, j'ai l'impression que je ne m'en sors pas si mal. Parfois, je me dis même que, sans flagornerie, j'aurais difficilement pu faire mieux avec les bagages et les armes que j'avais à ma disposition. Aujourd'hui je me sens beaucoup mieux dans ma peau et je connais mes failles. Toutes mes failles. Je connais mes blessures et comment les supporter lorsqu'elles me font trop mal. Je sais aussi que rien n'est gagné et qu'à tout moment, je peux rechuter. Cela me permet de vivre dans une extrême vigilance et m'aide finalement à rester droite, sur mes gardes. Et à apprécier les moments simples qui ne demandent aucun effort. Ma vie au quotidien est moins compliquée qu'avant, parce que j'ai analysé mon vécu et que chaque jour, j'apprends à accepter ce qui m'est arrivé, et à ne pas trop m'en vouloir.

J'ai même des phases où je me sens bien, étrangement bien. Bien sûr, rien n'est stable, et je me sens fragile dans ce nouveau bien-être. Mais j'ai bon espoir que le temps me permette de l'installer de manière plus pérenne. Émotionnellement, je me fais parfois envahir et rattraper par mes démons. Et je chute. Dans ces moments-là, je vois tout en noir. J'imagine que tout le monde m'en veut et que j'irai en enfer. J'ai des doutes soudains sur l'existence des Elohim et je me dis que, peut-être, je me suis trompée. Qu'ils existent vraiment et que je suis une pécheresse. Et je traverse ainsi des périodes où je n'ai plus aucun discernement. Mais je suis capable désormais d'en être consciente et de rester spectatrice de ces épisodes sans leur résister. Je plonge dans les ténèbres, je m'abandonne à cela, et je crois que moins j'émets de résistance, plus vite je reviens à la lumière. Mais j'accepte que je ne peux pas y échapper et que de temps à autre, je me fais engloutir. C'est comme ça. Ma vie est comme ça, et demeurera ainsi.

J'ai également compris que lorsque je suis dans un état de panique et de paranoïa, je subis quelque chose qui ne m'appartient pas totalement. Je parviens à rester lucide sur l'idée que c'est uniquement dans ma tête et que ça finira par passer. Et surtout, j'ai compris que cela ne définit pas qui je suis. Au contraire, je laisse passer l'orage pour mieux me connaître quand le soleil revient. Je comprends que je ne suis pas une mauvaise fille, que je n'irai pas en enfer, que je n'ai pas fait de mal à qui que ce soit de façon volontaire et que je n'ai jamais trahi personne. Je remarque que je suis même une nana sympa, rigolote et, bizarrement, assez solaire. En tout cas, j'aime la vie.

Je constate aussi quelque chose de nouveau : il y a des gens qui m'apprécient même si je n'ai rien à leur donner. Je trouve cela incroyable. De nouvelles personnes entrent dans ma vie et m'aiment pour ce que je suis, sans que j'aie à leur rendre des services physiques, sexuels ou autres. La plupart du temps je trouve cela suspect lorsqu'on est gentil avec moi et qu'on n'attend rien de moi, il y a toujours une certaine méfiance qui vient me parasiter et qui m'empêche d'être sereine. Mais je combats cette parano et je réussis, tant bien que mal, à la mettre de côté. J'essaie de faire confiance. Je tâche d'avoir foi en l'autre, en la nature humaine. Aux échanges désintéressés et sains.

Malgré tout, je traîne avec moi une grande fatigue. Je suis épuisée parce que, si mes jours sont maintenant moins douloureux, mes nuits restent une bataille. Je dors très peu et très mal. Je fais énormément de cauchemars et de terreurs nocturnes. Parfois, il m'arrive de me réveiller d'une micronuit, terrifiée, je ne sais plus où je suis, alors obligée de toucher les murs et le sol pour m'ancrer dans la réalité. Mes cauchemars sont si effroyables qu'ils me font souvent douter du réel, tant ils se confondent avec mon passé. Je peux accumuler des semaines entières sans sommeil, à subir les folies d'une vie nocturne très agitée. Mais là encore, j'attends que ça passe. Il y a des périodes où j'ai du mal à gérer les journées qui suivent des nuits pareilles, alors je vais voir un psychologue plusieurs fois par semaine. Et lorsque les choses se calment un peu, je reprends mes distances avec le suivi psychiatrique. J'avise en fonction des phases que je traverse, et j'essaie de gérer au mieux. C'est devenu ma manière de fonctionner : par phases. Je n'ai aucune honte à demander de l'aide lorsque j'en ai besoin et à dire que ça ne va pas lorsque c'est le cas. Et toujours sans médicaments. J'ai compris que toute cette chimie dans mon corps m'empêchait de m'en sortir, parce que je ne me sentais pas vivante. Lorsque je prenais des produits censés m'apaiser, je n'avais plus accès à mes émotions, j'étais comme un zombi, anesthésiée et déconnectée de moi-même. Depuis que j'ai arrêté les traitements, je peux à nouveau avoir de vraies émotions. Qu'elles soient positives ou négatives, elles sont souvent excessives, mais au moins, elles existent et je les vis pleinement. Le sevrage a été très compliqué, je l'ai fait toute seule sans en parler à personne, mais j'ai réussi. Je sentais qu'il fallait que je n'écoute que moi et mes besoins. Et c'est aussi le fait d'avoir pu me libérer de cette dépendance, seule, qui m'a donné davantage confiance en moi. Comme dans une boucle vertueuse. J'ai trouvé de la force dans la façon que j'ai eue d'être radicale dans toutes mes décisions, en ne me laissant aucun autre choix que de m'en sortir.

Dans mes relations avec les hommes, c'est encore compliqué, mais je sens que je progresse. Juste après ma dernière sortie d'hôpital, de temps en temps, lorsque j'avais besoin des bras d'un homme ou tout simplement de sexe, parce que j'y étais habituée dans ma construction et que c'était ma façon de recevoir l'amour de l'autre, juste pour quelques heures ou un après-midi, je passais par une application de rencontres et j'obtenais cela rapidement. Mais je le faisais sans m'engager et sans les contraintes que cela pouvait engendrer, que je ne me sentais pas capable de gérer. Et depuis quelques mois, je fréquente un homme ; de façon très distante, nous entretenons une relation. Avec lui, on peut se voir sans faire l'amour. Et pour moi, c'est nouveau. C'est quelque chose que je ne connaissais pas. Avec cet homme, on peut passer un moment ensemble, juste pour discuter. Et on se laisse libre chacun de vivre nos vies, sans trop nous immiscer dans celle de l'autre. On s'autorise à ne pas être obligés de se donner des nouvelles ou de se rendre des comptes, et on se voit quand on en a envie tous les deux. Dans un rapport très respectueux l'un envers l'autre. Je ne sais pas si cette relation s'installera dans le temps, et ce n'est pas ce qui m'inquiète. Je tâche de me focaliser sur ce qu'il m'est donné de vivre au présent, de rester indépendante de tout et de ne surtout pas me retrouver à nouveau dans une situation qui m'échapperait et dans laquelle je perdrais le contrôle au point d'être dépossédée de mon être.

J'avance ainsi, dans un équilibre fragile, mais installé. Même si je ne me sens jamais à l'abri de trébucher. Malgré tous mes efforts et cette lucidité, parfois, je me fais rattraper. À tout moment, une variable va me percuter et venir me torturer. Ça sera une odeur. Un mot, une image, une musique. Ou un chien. Je suis obligée de changer de trottoir dès que j'en aperçois et je suis incapable de regarder cet animal. Aussitôt, je ne me sens pas bien et très confuse. Ça peut être aussi un Raëlien qui m'écrit sur Messenger ou *via* un réseau social. Un petit mot anodin, trois ou quatre fois par an. Juste pour prendre de mes nouvelles en douceur et me laisser entendre que je reste la bienvenue si jamais je souhaite revenir. On me tend des perches et je dois rester forte. Et lorsque mes démons reviennent à la charge, j'arrive maintenant à moins me laisser envahir. Je sens le poids émotionnel arriver et je me tranquillise avec quelques mots. Je me dis : « C'est bon, Lydia, tu n'y es plus, c'est du passé. Ça fait partie de ta vie, mais ça n'existe plus. » Et j'essaie constamment de garder ce recul sur les événements. De toujours mettre les choses à bonne distance et dans leur contexte. Je n'y parviens pas à chaque fois, mais c'est un système que j'ai mis en place et auquel je ne déroge plus. En fait, j'appréhende chaque journée comme une vraie nouvelle journée. Tout est à construire, et tout est possible. L'horreur comme la douceur. Le mal comme le bien. Et je me démène au milieu de tout ça, intimement persuadée d'être une rescapée et de vivre un miracle.

C'est pour cette raison que je rends mon histoire publique et que je veux la partager avec le plus de personnes possible. Je veux leur dire, je veux vous dire que si vous connaissez quelqu'un qui fréquente de près ou de loin un milieu sectaire, surtout, ne le laissez pas seul. Ne l'abandonnez pas à la dérive. Ne le lâchez jamais, même s'il ne répond pas à vos appels ou à vos sollicitations. Il saura se tourner vers vous le moment venu. Laissez votre porte ouverte, qu'il sache qu'elle le sera toujours. Parce que c'est possible de s'en sortir. Même si c'est très compliqué, que c'est un véritable combat solitaire et d'une violence inouïe, on peut se « désendoctriner ». La vie est plus forte, et elle vaut la peine d'être vécue dignement. C'est ce que j'ai compris. Dans chaque vie, tout est une question de décisions. Et on a tous le pouvoir de prendre les bonnes. Maintenant, je sais que mon bonheur ne dépend que de moi et que j'ai le droit au respect de manière non négociable. Chaque être humain a ce même droit. Aujourd'hui, je m'attache à focaliser mon attention sur les jolies choses.

Et c'est ce qui me tient. Des choses simples : un coucher de soleil, une raclette, un karaoké avec des copains, un éclat de rire. J'ai enfin pris conscience que la vie peut être belle et que j'y ai droit. Je me sens légitime à être heureuse, moi aussi. Je m'accroche à moi-même, je suis dans la gratitude de chaque instant qui m'est donné de vivre. J'ai foi en ma capacité à regarder les choses telles qu'elles sont et à sublimer le quotidien. Et plus je suis dans cet état d'esprit, plus je constate que de jolies choses se présentent à moi, sans cesse, comme des cadeaux. Des cadeaux que je peux recevoir, parce que maintenant, je suis une femme libre.

Hantée, mais libre. Hantée à l'idée que Raël, qualifié de « chanteur français de variétés » dans le moteur de recherches Google, continue d'embarquer des foules dans son mouvement désormais implanté au Japon, entouré de sublimes Anges qui lui offrent inconditionnellement leur corps et leur âme. Hantée en sachant qu'il échappe sans cesse à la justice. Mais libre de raconter mon histoire. Libre de dire qui je suis, d'où je viens, ce que j'ai vécu et surtout, libre de dire qui il est. C'est la seule façon que j'aie trouvée de me rendre justice et de mettre au grand jour ma vérité, après toutes ces années à vivre dans un immense mensonge. Pour exorciser le mal qui m'a tant détruite et pour rendre public l'envers du décor d'un mouvement qui se dit plein d'amour. À mes yeux, Raël est un monstre, parce que Raël, il vous extermine en vous faisant croire que c'est de l'amour.

En s'exilant sans cesse aux quatre coins du monde, il parvient à faire perdurer son mouvement, à le faire grandir et à vivre en toute impunité, aujourd'hui encore, au moment où je prends la parole. Lorsque j'ai découvert la série documentaire Netflix parue en début d'année 2024, j'ai été horrifiée. Révoltée. J'ai simultanément replongé quelques semaines dans les ténèbres de mon existence jusqu'à ce que je comprenne qu'il était urgent que je raconte mon histoire tant le portrait qui était fait de Raël était erroné, biaisé, adouci. Faux et mensonger.

Dans cette série, la réalité de son personnage est transformée, la dérive édulcorée, si bien qu'on pourrait finir par croire que c'est le mouvement lui-même qui aurait produit et filmé cette minisérie. Le film n'est d'ailleurs pas loin de faire l'apologie du mouvement raëlien car, malgré quelques contradicteurs aux arguments dérisoires, tout est monté et construit d'une façon qui rend le personnage de Raël ainsi que son mouvement presque sympathiques. Sa doctrine en devient anodine, fantaisiste, sans danger.

J'ai eu beaucoup de mal à regarder les quatre épisodes jusqu'au bout tant j'avais le sentiment qu'ils protégeaient le mensonge et occultaient la dangerosité des coulisses de ce mouvement. J'ai même eu l'impression qu'on se fichait du monde, de toutes ces femmes soumises, qu'on se fichait de moi et que Raël, lui, parvenait, comme toujours, dans un majestueux tour de passe-passe, à y redorer son image et à lancer un très joli coup de communication. Il est d'ailleurs parvenu à être interviewé depuis sa résidence au Japon dans une ambiance très décontractée et chaleureuse. Une atmosphère qui renvoie une image de lui à l'opposé de la réalité.

Vêtu de son habituel débardeur blanc et pantalon assorti, sa médaille représentant l'étoile de David incrustée d'une croix gammée autour du cou, un bijou dans une version plus légère que celle qu'il portait au tout début du mouvement, un modèle en or fin, un chapeau de paille sur la tête, une longue barbe blanche, Raël se présente comme un gentil papy en vacances, un vieux sage inoffensif. Détaché, relax, le ton enjoué, il lâche quelques rires au milieu d'une prise de parole qui viendrait presque le créditer de bonne foi, de qualités humaines, de savoirs universels. En visualisant la série, j'ai compris qu'il était impossible de comprendre le machiavélisme de cet homme. Ni même de le soupçonner. Les images choisies le présentent dans une attitude attachante, celle d'un vieux monsieur dans les dernières années de sa vie, un vieillard plutôt rigolo et dont les intentions seraient louables, puisque ses mots visent à nous élever. Comme toujours. « Quoi que vous fassiez, quoi que vous soyez, si vous n'êtes pas heureux, il vaut mieux ne pas exister, quoi. Le bonheur, c'est de ne jamais s'arrêter de rigoler. Ayez peur des gens sérieux ! » s'amuse-t-il à déclarer.

J'étais tout aussi scandalisée de le voir parader au milieu d'une multitude de sublimes jeunes femmes asiatiques à moitié dévêtues et rigolant à ses supposées blagues, lui faire une haie d'honneur, des couronnes de fleurs autour du cou. Tout semble joyeux, sain, attrayant, léger. L'image qui est renvoyée se rapproche de celle d'un spot publicitaire pour un club de vacances. En observant le décalage avec la réalité, je pouvais même redouter que cette série, dont j'ignore les intentions, puisse attirer de nouveaux adeptes. Tant le décalage avec l'envers du décor que je connais dans les moindres détails était saisissant.

À aucun moment, on ne peut imaginer ce qu'il se passe dans les coulisses du mouvement, aux côtés du véritable Raël. Puisqu'à aucun moment, il n'est précisé que toutes ces jeunes femmes en tenue légère autour de Raël sont, sans aucun doute, des Anges, avec les devoirs et les contraintes relatives à ce statut. Pas une seule seconde, on ne peut se douter que ces jeunes femmes sont potentiellement, comme je l'étais, des esclaves sexuelles. Qu'elles sont manipulées et réduites au statut d'objets sexuels. Dans l'enchaînement des épisodes, tout me semblait orchestré de façon à montrer Raël sous un angle trompeur. Tandis que je regardais cette mise en avant positive et joyeuse du mouvement, c'était des coups de couteau qu'on me plantait dans le ventre. J'avais envie de vomir. De pleurer. De mourir. Je ressentais l'injustice me frapper une nouvelle fois dans le plus profond de mon être. Ce qu'il y avait de plus insupportable, c'était que je voyais s'opérer la façon si singulière que Raël peut avoir de faire avaler n'importe quel mensonge, sans une once de gêne, sans le moindre complexe. Toujours au-dessus de tout. Intouchable. Son attitude, ironique et vicieuse, me rappelait sa capacité inouïe à faire penser ce qu'il veut à qui il veut. Sans que personne s'en aperçoive. La preuve : les réactions stupéfaites ou révoltées au sein de l'opinion après la diffusion de cette série sont inexistantes.

Ce que j'ai trouvé fou également, c'est lorsque Raël est interrogé sur le clonage humain. Ce concept sur lequel repose une immense partie du mouvement et de tout son « travail ». C'est même la base sur laquelle il a construit son projet avec les Elohim, sur laquelle il a écrit son *Livre qui dit la vérité*, et qui n'a jamais fonctionné ni fait ses preuves. Lorsque le sujet est mis sur la table et que Raël pourrait être enfin coincé dans ses graves mensonges, il rigole et lève les yeux au ciel et parvient sans honte, naturellement, à expliquer que c'était une sorte de canular, un petit détail anodin de l'histoire, un emballement médiatique avant tout. Il en parle comme de quelque chose de totalement dérisoire et sans importance. J'ai assisté, interdite, à la scène. Raël en personne, l'homme qui a inventé toutes ces histoires d'Elohim, de clonage et qui est parvenu à vivre subventionné par tous ceux qui voulaient bien le croire, en train de se moquer lui-même de ses propres inventions. Et donc, indirectement, de ses disciples. Comme un enfant, naïvement et sans se justifier, il plaisante. Et de façon très insidieuse, Raël réussit, une fois de plus, à travers une autodérision déconcertante, à dédramatiser la mise en lumière de ses mensonges. Ce qui aurait pu être une mise en échec de son mouvement devient tout autre chose et Raël tire son épingle du jeu. Il s'agit d'un moment léger, d'une petite provocation, dont même Raël parvient à rire de bon cœur. Il n'est pas loin de se taper sur la cuisse tellement ça lui paraît drôle. Toujours tranquille, le chapeau de paille sur la tête, le sourire aux lèvres, il précise entre deux éclats de rire : « Moi, j'aurais probablement jamais parlé du clonage si le Pape n'en avait pas parlé !

J'ai entendu le Pape qui était contre, j'ai dit : "Ah !! on va créer une société pour le clonage !" Parce que moi, tout ce que dit le Pape, immédiatement, j'essaie de faire quelque chose contre. Pour moi, il est le symbole absolu de la culpabilité, de tout ce qu'il y a de pire pour l'humanité. » Puis il conclut en ajoutant que Brigitte Boisselier, une scientifique en adoration devant lui, était venue à sa rencontre lui dire qu'elle aimerait le faire vraiment. « Ben, j'ai dit : "Vas-y !" », lâche-t-il en souriant. « Tout à coup, il y a un déchaînement incroyable qui va jusqu'au Congrès américain pour témoigner ! On était morts de rire avec Brigitte, quoi !! »

Couplée à des images d'archives, l'interview de Raël nous laisse l'image d'un type un peu foufou, mais pas dangereux. Mais surtout, l'image d'un type à dix mille lieues de celui que je connais. De celui qu'il est en réalité. J'ai regardé ce spectacle de mensonges, impuissante, dégoûtée, dans l'incompréhension la plus totale. Comment ce type parvenait-il à être libre, là où il était, dans cette nonchalance époustouflante, après tout ce qu'il avait fait, et continuait de faire ? Comment était-il possible que jamais la justice ne le rattrape ? Pourquoi une personne aussi malveillante que lui parvenait-elle toujours à s'en sortir ? Quelle était la morale de cette histoire ? Quelles leçons fallait-il en tirer ?

Dans mon désespoir et ma difficulté à regarder l'intégralité de la série, il n'y a qu'une chose à laquelle j'aie pu me raccrocher. Il s'agit de quelques images où il se passe tout autre chose. Il y a un moment dans le « documentaire » où l'on peut voir le vrai visage de Raël. Un très bref moment, quelques secondes à peine. Mais ce moment de vérité existe et m'a aidée à encaisser tout le reste.

Il s'agit d'une scène révélatrice. Et il n'y en a qu'une. Elle se situe au début du dernier épisode. Juste avant la finalisation de l'installation du dispositif de caméras et de micros au moment d'interroger Raël. Le moment est tellement court qu'on pourrait le louper.

On voit Raël en *off*, mais bien conscient qu'il est observé. Il vient de s'installer sur la chaise, tout se met en place autour de lui pour l'interview. Puis on aperçoit une femme de dos, accroupie. Elle semble s'occuper des pieds de Raël sans qu'on puisse comprendre de quoi il s'agit. Raël la regarde, l'air satisfait, puis il prend soudain à partie l'équipe de tournage, que l'on devine autour de lui, mais que l'on ne voit pas. « Oh là là, les détails, les chaussettes ! » s'écrie-t-il en rigolant et se moquant de la jeune femme qui ne parle pas français. Laissant entendre que ce qu'elle est en train de faire est visiblement assez ridicule. Pourtant, Raël ne laisse jamais personne prendre la moindre initiative ni rien au hasard, ou en-dehors de son contrôle. Tout n'est que le fruit de ses désirs et de ses ordres.

Quelques secondes plus tard, dans un plan plus large, on aperçoit cette même jeune femme assise en retrait se précipiter soudain vers Raël qui la sollicite. Le dos courbé, les mains jointes, la tête baissée, elle se met sur le côté, au plus près du visage de Raël pour écouter ses directives. Elle regarde le sol, soumise. En anglais cette fois, avec un fort accent français, il lui dit : « Regarde-moi, toujours ! » La jeune femme approuve sans détacher son regard du sol et va pour quitter au plus vite le champ quand Raël l'appelle à nouveau. D'un geste du bras, il pointe une petite table de régie : « Donne-moi la tasse. La tasse ! »

Une seconde plus tard, nouveau plan. Cette fois, Raël parle gentiment avec une personne de l'équipe qui se trouve hors champ quand la jeune femme s'approche délicatement avec la tasse. Toujours courbée, les yeux pleins de gratitude, elle regarde Raël pour lui tendre le mug. Au même moment, Raël fait un geste malencontreux qui aurait pu renverser la tasse. Lorsqu'il comprend que la jeune femme était derrière lui, ses yeux jettent un regard noir et, d'un ton désobligeant, il crache : « Ne viens jamais comme ça sans parler ! » La jeune femme, gênée, le regard rempli d'excuses, se retire en vitesse. Et quelques secondes plus tard, toujours dans un anglais à couper au couteau, Raël s'adresse à la jeune femme sur un ton autoritaire : « Tu vas me le donner ? » La femme dévouée, sur la pointe des pieds et toujours le dos plié en deux, se dépêche de lui apporter un miniventilateur portatif. « Comme ça, je choisis quand je veux », ajoute-t-il de manière réprobatrice. Puis la jeune femme s'éclipse une nouvelle fois. C'est ainsi qu'en l'espace de quinze secondes, et uniquement pendant ce bref moment, le public a accès au véritable Raël. C'est seulement là que l'on peut entrapercevoir son vrai visage. L'espace d'un très court instant, on le voit, là, tel qu'il est. Autoritaire, tyrannique, dictatorial. Tel un colon, il soumet la jolie Asiatique à ses moindres désirs. Cela échappe à son obsession pour le contrôle, pourtant, il est filmé. Et il sait qu'il est filmé…

J'ai besoin que le monde sache qui est cet homme. Qui il est en dehors des caméras, dans l'intime, dans les coulisses. Et j'ai besoin que l'on prenne conscience qu'il n'est pas le seul truand sur Terre à abuser et à profiter de la naïveté d'autres personnes. Alors méfiance ! Les stages de bien-être, de méditation, ce sont aussi des endroits qui peuvent être, parfois, des nids d'âmes malhonnêtes et perverses. Parmi les Raëliens, il y avait, et il y a toujours, des psychologues, des médecins, des avocats, des chanteurs, des écrivains, des gens bien sous tous rapports, des gens cultivés, des gens « normaux ». Cela doit nous rappeler que personne n'est à l'abri. Il suffit d'une fragilité, d'une faille pour plonger. Il n'y a pas de profil type enclin à tomber dans le piège. Il y a des contextes, des moments de vie, des fragilités passagères qui peuvent nous faire basculer. À tout moment. Voilà mon message.

Je ne veux plus avoir honte de mon histoire et me cacher. Je ne veux plus vivre en marge de la société telle une paria. Les gens que je fréquente aujourd'hui connaissent mon vécu et m'apprécient en connaissance de cause. Et je me sens suffisamment solide pour raconter mon histoire au plus grand nombre avec les risques que cela comporte. J'accepte de poser mon vécu sur la place publique et d'avancer de cette manière, dans la lumière et dans la vérité.

Chaque jour qui m'est donné de vivre, j'apprends à sortir des ténèbres et à garder la tête haute. J'avance abîmée, l'intérieur démoli, je suis détruite au plus profond de mon être, mais je m'accroche. Je suis couverte de cicatrices, de bleus, de douleurs. J'ai aussi des plaies qui ne se fermeront jamais et qui me font mal sans arrêt. Mais je suis là. Toujours là. Résiliente, vivante. Plus vivante que jamais. Pleine de vie et remplie d'une force que je ne soupçonnais pas. Il y a seize ans, j'ai quitté le mouvement et je célèbre chacune de mes minutes de vie depuis que je suis dehors.

Et je n'oublie pas ce que Raël m'a dit, jamais je ne l'oublierai : je suis marquée comme un animal. Mais comme un animal qui a fui son chenil et qui, sans rage et sans colère, crie sa vérité et aime sauvagement la vie.

11

REPÈRES

Raël est le fondateur du mouvement raëlien.

De son vrai nom, Claude Vorilhon, il a d'abord été chanteur sous le pseudonyme de Claude Celler avant, au début des années 1970, de devenir journaliste sportif automobile.

C'est ensuite qu'il a affirmé avoir rencontré les extraterrestres et qu'il a reçu son nom de prophète.

Le mouvement raëlien est identifié comme secte en France depuis 1995, mais à ce jour, Raël n'a fait l'objet d'aucune condamnation.

Âgé de 78 ans, il « exerce » et vit désormais au Japon.

Sa communauté connaît un nouvel essor en Asie et en Afrique, en Côte d'Ivoire notamment.

Le France, la Suisse, le Canada et de nombreux autres pays ont catégorisé son mouvement de secte, interdisant la pratique de sa doctrine sur leurs territoires.

...

12

Extraits du compte rendu de la cour d'appel de Lyon du 24 janvier 2002 à l'encontre de certains « guides » français pour corruption de mineures

« La cour statuant publiquement, contradictoirement, en matière correctionnelle, après en avoir délibéré conformément à la loi, déclare les appels recevables et condamne :

Fabien X. et Fabrice Y. à la peine de 2 ANS D'EMPRISONNEMENT, dont 6 MOIS AVEC SURSIS ;

Xavier Z. et William A. à la peine de 18 MOIS D'EMPRISONNEMENT AVEC SURSIS ;

- et prononce à l'encontre des quatre condamnés l'interdiction de tous leurs droits civiques, civils et de famille pendant 5 ANS ;

- dit que l'avertissement prévu par l'article 132-29 du Code pénal leur a été donné dans la mesure de leur présence effective à l'audience à laquelle est rendu le présent arrêt ;

- rejette la requête de Fabien X. tendant à l'exclusion de la mention de la présente condamnation du bulletin numéro 2 de son casier judiciaire ;

- condamne solidairement Fabien X., Fabrice Y., Xavier Z. et William A. à payer à titre de dommages-intérêts : la somme de 1 500 EUROS à l'UNADFI (Union nationale des associations pour la défense des familles et de l'individu) et la somme de 0,15 EURO à l'association Enfance et Partage ;

- et porte à 1 100 EUROS l'indemnité globale que devront solidairement payer les quatre condamnés à chacune de ces deux associations au titre des frais par elles exposés tant en première instance qu'en cause d'appel et non payés par l'État[1]. »

---

1 Voir www.legifrance.gouv.fr/juri/id/JURITEXT000006939793.

REMERCIEMENTS

Elsa Levy, Frédéric Veille et Ophélie Meunier qui nous a mis en relation.
Les gens qui ont été de passage dans ma vie, juste un instant mais qui ont rendu cet instant beau et vivant !
J'aimerais remercier mon amie de toujours, Aurélie.
J'aimerais dire à mon petit frère que je l'aime et que je suis fière de lui, même si nous ne faisons pas partie de nos vies respectives.
Jordy, qui depuis nos retrouvailles rend ma vie plus douce. Je t'aime mon ami.
J'aimerais remercier toutes les personnes qui m'ont jugée, fait du mal, insultée, car sans leur méchanceté je n'aurais jamais compris que j'étais quelqu'un de gentil.
Et j'aimerais remercier la vie, celle que je choisis.

Achevé d'imprimer en janvier 2025
sur les presses de la Nouvelle Imprimerie Laballery
58500 Clamecy
Numéro d'impression : 501178

Imprimé en France

La Nouvelle Imprimerie Laballery est titulaire de la marque Imprim'Vert®